인간 중심의 골프장 경영
Know-How!

글 **박규춘**

글을 시작하며…

38년의 군 생활과 제대 후에는 후방지역의 부대들을 평가하는 업무를 수행하였으며, 현역 시절과 제대 후를 포함 약 43년 나라를 지키던 군인이었습니다.

그리고 군 생활 중에 열정을 다해 조직을 운영하고 관리한 경험을 기초로 골프장 사장을 꼭 한번 해보는 것이 꿈이었습니다. 그래서 지금은 운 좋게 그 꿈이 이루어져, 4년차 창공대 軍체력단련장 사장을 하고 있습니다.

창공대 체력단련장은 개장 이후 사장의 임기가 2년 또는 3년 만에 교체가 되었고 유일하게 4년 차 사장을 하고 있습니다. 2년 차부터 매년 우수시설로 선정되는 등 많은 성과가 있어서 저에게 18홀 사장 제의가 있었지만 정중히 거절하고 현재까지 창공대 체력단련장에 애착을 갖고 사장 임무를 수행하고 있습니다.

어느 날 인사 사령부 주요 직위자들께서 "사장을 하면서 다양한 경험을 기초로 창공대 軍 체력단련장을 단기간에 많은 발전을 가져왔던 노하우를 책으로 발간했으면 좋겠습니다"라고 제의하여 많이 부족하지만 집필을 하게 되었습니다.

　제가 평소에 꿈꿔왔던 골프장 사장을 하기 위하여 골프장 관련 직무 지식 및 자격증 등을 준비하였습니다. 학원에 등록 골프장 경영관련 자격증인 골프 레저 산업 경영 관리사, 골프 경기 운영관리사, 골프장 코스 장비관리사 자격증을 획득하였고, 현장 체험을 위해 ○○○ 골프장에서 1개월간 장비관리와 그린 및 코스관리, 시설 및 안전관리, 직원들과의 소통을 위한 노하우 등을 습득하는 등 현장에서 실질적인 많은 경험을 하였습니다.

　또한 유 경험 골프장 사장님들의 경험과 사례를 청취하였습니다. 이렇듯 골프장을 경영하고 조직을 관리할 수 있는 다양한 자격증과 현장 실무 체험을 통하여 창공대 체력단련장의 인적, 물적, 시설 등 전반에 걸쳐 관리하고 경영하는데 충분한 조건을 갖추었다고 생각하고 창공대 체력단련장 사장으로 21년 12월 1일부로 취임하였습니다.

　사장으로 취임하여 경영 중점을 봉사하는 자세로 균형 잡힌 유연한 리더십을 발휘하여 조직을 관리하고 내장 고객을 만족시켜 영업이익도 창출하면서 골프장의 안정적인 운영 및 발전에 최선을 다하겠다고 다짐을 했는데, 처음 몇 개월 사장을 하다 보니 현실은 내가 생각했던 것과는 너무나도 많은 차이가 있었습니다.

　첫째 노사 및 노노 간의 갈등 심화로 조직이 분열되어 있었으며, 둘째 다수의 정년 퇴직 및 육아휴직, 자진사퇴 등으로 직원의 90% 이상 보직이 변경되었으며, 셋째 시설과 기계장치 노후로 교체 및 보수 소요는 증가했으나 예산은 부족하였고, 넷째 기존 전동카트에서 AI카트로 전환하면서 운영 시스템의 큰 변화가 있었습니다.

초기에는 이러한 여러 어려움이 있었으나 사장은 '最一線(최일선) 현장 관리자'로서 직원을 이기려 하지 말고 설득하며 기다려주고 현장 위주의 의사소통과 공유·상호 존중하는 자세로 사장부터 완벽하게 사고를 전환하였습니다.

지금은 사장과 직원들 상호 눈빛만 보아도 무엇을 의미하는지 알고 있을 정도로 소통하고 신뢰를 돈독히 쌓은 결과, 이제는 군 골프장 중에 우수시설로 선정되어 전 직원 연 2회에 걸쳐 성과 상여금 100%를 받는 등 명실 공히 명품 골프장으로 재탄생했다고 자부합니다.

특히 사장 2년차부터는 골프장 코스 잔디 컨디션도 좋다는 입소문도 많이 나고, 골프 예약률도 150% 상승률을 기록했습니다. 또한 혹한기나 혹서기 등 비수기에도 공티가 발생하지 않아 연 매출 15~20% 증가하는 성과도 있었습니다.

이 책은 참으로 부족함이 많지만, 제가 사장 부임 후 겪었던 과오 및 시행착오와 2년 차부터 온 정성을 다해 열심히 노력하여 보완했던 분야 등 부끄럽지만 경험 요소를 책으로 발간하여 골프장을 경영하거나 골프장에 근무를 희망하는 사람에게 작은 길라잡이가 되었으면 하는 바람입니다.

이 책을 발간하는데 가까이서 자료를 찾아서 제시해준 경영팀장께 감사드립니다. 지금 이 순간에도 맡은 바 업무에 최선을 다하고 있는 창공대 체력단련장 전 직원분들에게도 진심으로 감사드립니다.

그리고 이 책이 세상에 나오도록 힘이 되어주신 인사사령관님과, 관련부서 관계자분들께도 깊은 감사를 드립니다.

끝으로 제가 평소 꿈꿔왔던 골프장 사장이라는 중책을 맡겨주신 모든 분들께 다시 한번 고개 숙여 진심으로 감사드리며, 이른 새벽에 일어나 밥상을 챙겨주고 매일 다양한 메뉴로 팀장 몫까지 도시락을 챙겨주며 출근길 배웅해 주고, 밤늦은 시간에 퇴근하여도 반갑게 맞아준 아내 채명선님에게 깊은 감사의 마음을 전합니다.

2025년 무더운 여름이 지난 어느 날에
높고 높은 파란 창공과 푸르른 그린을 바라보면서
박규춘

팀장들과 함께 한 골프장 경영!!!

팀장들과 현장 토의!!!

직원들과 함께한 화합·단결!!!

직원들과 황산벌 노성산성에서…

개장 기념 격려 및 포상!!!

개장 기념일 직원들과 함께!!!

우수 근무자 격려 및 포상!!!

창공대 골프장 화보…

경영 혁신 우수 시설 표창 및 포상!!!

목차

글을 시작하며… 3

제1장 창공대 軍 체력단련장은?

1. 軍 현역 및 예비역 체력 향상, 지역주민과 함께 레저욕구 충족 18
2. 골프장 접근성이 우수 19
3. 웅비코스와 창공코스로 이뤄진 다이나믹한 변화 연출 19
4. 백제의 고도 주변 유명관광지 투어는 '덤' 21
5. 방문객 수가 매년 늘어나는 이유 21

제2장 사장이 해야 할 일은?

1. 사장의 임무와 역할 24
2. 사장의 하루 일과는? 25
3. 사장의 다짐!!!(10대 근무수칙) 36

제3장 사장 취임 후 새로운 변화 시도

1. 솔선수범을 통한 현장 중심 의사소통과 공유 40
2. AI카트 도입과 창공대만의 독자적이고 차별화된 경영전략 수립 43
3. 중간 관리자(팀장)의 제 역할 수행 여건 보장 47
4. 공정하고 엄정한 신상필벌을 통한 근무의욕 고취 55
5. 업장별, 개인별, 성향별 업무수행 능력 고려 보직 조정 64
6. 겸직·겸무 운용으로 "멀티 경영" 타 보직 지원 업무도 내 일 같이!! 75
7. 원만한 노사관계 형성을 위한 사장의 역할은? 78
8. 직장내 학연, 혈연, 지연이 배제된 위계질서 확립 82

9. 회사 내 발생한 문제는 반드시 오너가 책임지는 자세 ·············· 83
10. 지역 유관기관과의 원활한 유대관계 강화 ························ 84

제4장 숲 직원이 주인으로 근무하는 내 집 같은 직장 만들기

1. 권한과 책임 부여, 각자가 맡은 분야 부서장!! ···················· 90
2. 근로기준법 보장 및 노사협의회를 통한 관계 개선 ················ 90
3. 직원들 자체 회사발전을 위한 토의 결과를 회사 경영에 적극 반영 ··· 92
4. 전 직원 대토론회를 통한 요구, 불만, 상호 갈등 요소 제거 ········ 99
5. 편한 휴식이 건강한 직원을, 건강한 직원이 좋은 골프장을… ······ 102
6. 공정한 직장 분위기 조성 ·· 104
7. 공동작업 및 단결활동을 통한 직원 상호 이해 증대 ·············· 105
8. 회사에 대한 애사심, 소속감 및 자존감 고취 ···················· 107

제5장 감동 서비스로 다시 찾고 싶은 골프장으로 거듭나기

1. 고객관리를 위한 효율적 고객의 소리 시스템 ···················· 113
2. 신속하고 합리적인 고객의 불만 관리 ···························· 114
3. 고객의 입장에서 요구되는 친절·서비스 제공 ···················· 117
4. 고객 감동은 진정성 있는 직원들의 고객 응대로부터… ············ 121
5. 골프에 집중할 수 있는 고객 친화적인 골프장 ···················· 123
6. 고객이 기대하는 것 이상의 만족감을 제공해야 한다 ·············· 130
7. 골프장 입구부터 자연스럽게 이어지는 고객 이동 동선 ············ 132
8. 계절별, 시기별 고객의 안전과 감성을 자극하는 현수막 설치 ······ 133
9. 골프장의 좋은 기억을 사진으로… ································ 134
10. 아름다운 꽃과 함께 즐거운 라운딩… ···························· 136

제6장 투명하고 합리적인 관리 및 경영으로 최대수익 창출

1. 공티 최소화를 위한 전 직원의 통합된 노력 ··················· 140
2. pin point 기상예보를 통하여 실시간 제공 ··················· 143
3. 주기적인 경영성과 분석을 통한 예산 운영계획 수립 및 투명한 결산 ····· 144
4. 구매담당의 발로 뛰는 업무 ··················· 146
5. 예약의 공정성과 투명성으로 윤리경영 실현 ··················· 147
6. 에너지 절감을 통한 예산 절감 노력 ··················· 148
7. 인건비 절약을 위한 노력, 불필요한 인력 구조 조정 ··················· 149
8. 연습장 운영체계 개선을 통한 영업이익 증대 노력 ··················· 150

제7장 친환경적 골프장 조성, 최적의 그린 및 코스 관리

1. 코스관리에 종사하는 사람은 전문적인 기능과 기술을 갖춤은 ··· ·· 152
2. 잔디는 골프장의 생명이며 상징이다 ··················· 152
3. 기상 예측을 고려한 "연간 코스 관리 계획표"에 의한 코스관리 ····· 153
4. 계절별, 시기별 맞춤형 코스관리 ··················· 154
5. 매년 반복되는 땅 꺼짐 자체 복구 ··················· 160
6. AI카트 집중 답압 지역 잔디 손상 최소화 대책강구 ··················· 167
7. 장비 100% 가동상태 상시 유지 ··················· 169
8. 벙커 안의 플레이 흔적제거 및 깨끗한 벙커유지로 ··· ··················· 172
9. 골프장 전체 ZERO 베이스 상태에서 현장 실태 파악 개선 ············ 173
10. 일용지 근로자 전동카트 제공 이동시간 단축, 일일 단위 ··· ·········· 178
11. 코스팀 조기 출근자 최적의 코스세팅 영업준비는 고객 하루의 행복 ···· 181
12. 코스관리 부서 비수기 재충전의 기회 부여 업무 효율성 증대 ········ 182
13. 코스부서 내 휴식공간 제공은 또 다른 필드관리 ··················· 185

제8장 최상의 안전관리대책 강구

1. 산업재해 없는 골프장, 직원이 안전한 직장 만들기 …………… 189
2. 고객의 안전사고가 없는 골프장 …………………………………… 194
3. 충분히 대비된 골프장은 자연재해도 비껴간다 ………………… 209
4. 재해 예방 및 발생 대비 주기적인 교육 ………………………… 211
5. 실전과 유사한 상황을 조성 반복 훈련 실시 …………………… 212
6. 전동카트 배터리 화재 사고 예방 ………………………………… 214
7. 전 직원 응급조치 능력 구비 ……………………………………… 215
8. 무인 경비 시스템(CAPS) 활용 화재, 도난(파손) 실시간 모니터링 …… 218
9. 폭우, 폭설 등 악기상 예보 시 야간 긴급 출동 대기조 편성 운영 …… 219
10. 골프장 관련 사고 사례 및 판례 ………………………………… 221

제9장 골프장 식음 고객 맞춤형 서비스로 영업이익 창출

1. 식음 부서 직원 상호 팀워크 강화 ………………………………… 226
2. 식음 부서 운영에서의 식자재 구매가 성공의 핵심 …………… 227
3. 철저한 위생 및 환경 관리는 골프장 식당 운영의 핵심 ……… 230
4. 골퍼들이 골프장 그늘집(클럽하우스)에서 가장 선호하는 음식은? …… 231

글을 마치며 … ……………………………………………………………… 233

제1장
창공대 軍 체력단련장은?

1. 軍 현역 및 예비역 체력 향상, 지역주민과 함께 레저 욕구 충족

충남 논산시 노성면에 위치한 창공대 체력단련장은 군 골프장으로 아주 생소한 이름일 수 있다. 우리나라 골퍼 중에 창공대체력단련장을 얼마나 알고 있을까? AI카트와 함께 노캐디로 전 라운드를 걸으며 라운드 내내 감동과 추억 그리고 넉넉한 미소와 평화로움을 가져다주는 이곳 창공대체력단련장은 현역 및 군무원의 복지증진과 체력향상, 국가에 헌신한 예비역의 복지혜택, 민·관·군 유대강화의 장을 마련하기 위해 조성되었다. 골프장 부지는 376.196㎡(11.4만평), 전장은 3,145m(18홀 : 6,290m / IP폭 : 75~90m) 1번홀과 6번홀에서 동시 티오프하며 웅비 5홀, 창공 4홀로 자연 친화적인 코스다. 골프장 내 연습장도 있으며 228평 20타석 전장150m로 조성되어있다.

2. 골프장 접근성이 우수

천안~논산고속도로가 논산시를 관통하여 대전과 전주를 연결하고 있으며 탄천 IC에서 5㎞ 거리에 위치하고 있고, 도로는 동서로 국도4호선이 있으며, 남북으로는 국도 1호선과 국도 23호선이 있다. 논산시는 국토의 중앙부, 충청남도의 중남부에 위치하며 동부는 대전광역시와 금산군, 서부는 부여군, 남부는 전라북도 완주군, 익산시, 북부는 공주시와 접하고 있어 어디서든 30분에서 1시간 이내에 이용할 수 있는 위치에 있다. 수도권에서의 접근성도 2시간 남짓한 거리에 있다.

3. 웅비코스와 창공코스로 이뤄진 다이나믹한 변화 연출

웅비코스는 1번홀부터 5번홀로 구성되어 있으며 비교적 페어웨이가 넓고 완만하면서도 기복이 크게 조성되어 있다. 페어웨이 언듈레이션이 심하고, 그린은 매끈하지만 미세한 굴곡이 있어 까다롭다. 1번 par5홀은 티잉구역 좌측 슬라이스 홀이기 때문에 IP좌측을 바라보며 티샷을 하는 것이 수월하다. 4번 par5홀은 골프장 지정 롱기스트 홀로 좌측으로 휘어지는 도그렉 홀이다. 코스가 넓고 긴 편이기 때문에 우측 경사면의 좌측 끝으로 공략을 하면 좋다.

창공코스는 6번홀부터 9번홀로 구성되어 있으며 무작정 거리를 많이 내는 것보다는 정교하게 치는 골퍼들에게 유리하다. 6번 홀은 핸디 1번 par4홀로서 티샷할 때 거리가 많이나면 자칫 워터 해저드에 빠져서 거리 개념을 잘조정해야 하며 8번 par4홀은 우측 도그렉 홀이며 그린 난이도가 높아서 par하기도 쉽지않은 홀. 그만큼 창공 코스는 무엇보다도 코스 공략을 어떻게 할지 전략을 잘 세워야 한다. 그만큼 까다롭다는 의미다.

 골프코스는 남녀노소가 이용 가능한 시설로서 부담이 없고 평탄하고 UP/Down이 심하지 않게 조성되었지만 각 홀별 다이나믹한 변화를 연출할 수있게 조성되었다. 각 홀의 거리를 다양하게 설계하여 드라이버를 위주로 사용한다는 개념은 지양하고 다양한 클럽을 활용할 수 있다. 전체적으로 초보자와 일반 골퍼들이 병행하여 칠 수 있도록 Target Zone을 적정하게 설치하였으며 코스구성 상 스트레이트 코스를 주로 하였으나 3번홀과 8번홀은 Dog-Leg로 구성하였고 일부 5번 홀과 9번 홀은 경기 운영상 공격감을 위해 공격위치보다 다소 높게 되어 쳐 올려야 하는 그린(일명 포대그린)으로 되어 있어 단조로움을 피했다. 각 홀의 성격을 감안하여 벙커를 비롯한 해저드의 적절한 배치를 함으로써 경기시 골퍼들에게 흥미를 고조시키고 전략적인 루트를 파악하는데 도움을 주도록 하였으며 연못은 되도록 크게 조성하여 경관을 더함과 동시에 난이도를 부여함으로써 경기시 도전성을 유발토록 하였으며 그린주변에 벙커를 배치하여 그린 공략 난이도를 조정하고 수목을 이용한 해저드는 1번홀 우측과 8번홀 우측도 고려하여 조

경적인 것을 강조함과 동시에 안정적인 플레이를 유도할 수 있도록 하였다.

4. 백제의 고도 주변 유명관광지 투어는 '덤'

창공대 체력단련장은 골프와 주변 유명 관광을 할 수 있는 국내 몇 안 되는 지역에 있다. 논산시는 대한민국 남성이라면 한번쯤은 들어 본 도시이다. 우리나라 육군 장병의 요람이자 국내 최대 규모를 자랑하는 육군 훈련소가 있는 도시로 수많은 장병들을 육성해온 대한민국을 대표하는 군사도시로서 백제의 명장인 계백장군의 유적지와 대한민국에서 가장 큰 은진미륵이 있는 관촉사와 강경 젓갈과 양촌 곶감, 연산 대추, 상월 고구마 등 특산물을 맛볼 수 있다. 백제의 고도 공주(웅진)와 부여(사비)는 30분 거리에 있으며 삼국시대 백제의 도읍지로서 찬란했던 백제의 역사를 꽃피웠던 공산성과 송산리 고분군 등이 있으며, 백마강을 타고 흐르는 잃어버린 왕국 1500여 년 전 백제의 숨결을 만날 수 있는 부여는 부소산성과 국립 부여박물관 등을 둘러볼 수 있는 관광지가 허다하다.

5. 방문객 수가 매년 늘어나는 이유

창공대 체력단련장을 선호하는 많은 이유는 AI카트 도입 후 캐디 없이 워킹 골프를 즐길 수 있는 장소이며 코스 컨디션도 좋다는 입소 문이 많이 났기 때문에 재방문이 많은 것 같다. 9홀이지만 평지와 구

릉 확 트인 골프코스 잘 관리된 그린과 걷기에 편리한 지형으로 건강 관리에 큰 도움이 되도록 조화롭게 구성되어 있다. 7분 간격 티오프 라운드 시 전·후방 티박스와 핀 위치가 변경돼 다른 느낌으로 18홀 플레이를 할 수 있다. 친절한 직원들과 빠른 서비스, 저렴한 그린피, 짧은 동선으로 인한 이용상의 편의, 합리적인 가격의 맛있는 그늘집 음식, 시설이용 안전성 확보 등 여러 가지가 있다.

새해 아침 1번홀에서!!!

제2장
사장이 해야 할 일은?

"해야할 일은 과감하게 결심하라!
결심한 일은 반드시 실행하라!"
-벤자민 프랭클린-

1. 사장의 임무와 역할

육군에서 규정된 관리사장의 임무와 역할은 "인사사령부의 총괄적인 지휘 감독을 받아 체력단련장 관리 및 운영에 대하여 총체적인 책임이 있다."라고 되어 있다.

즉, 사장은 군인의 대기태세 유지와 병행하여 체력단련과 건전한 여가선용을 보장하고「제대군인지원에 관한 법률」에 따라 예비역의 복지증진을 위해 체력단련장을 효율적으로 운영할 의무가 있는 것이다.

따라서 저는 체력단련장의 운영 목적과 기본 이념에 부합되도록 현역 및 예비역에 양질의 체력단련 및 여가선용을 제공하고 지역주민과의 유대를 강화하면서 동시에 최대 영업이익을 창출하여 군 복지향상에 기여할 수 있도록 시설을 관리하고 조직을 운영하려고 최선의 노력을 하고 있다.

관리사장은 조직의 대표자, 인력관리자로서 비용 절감 등의 경영합리화, 문제해결사, 자원 분배자, 협상자, 전파자, 대변인, 노동조합과의 견해 조정 등 역할의 중요성 인식 전 역량을 집중 최선을 다하는 것이다.

고객의 불만(Complain)을 좋은 것, 불만은 곧 문제 해결의 기회로 인식하고 근무하고 있다. 솔선수범을 통해 본보기를 보여 주어, 큰 목소리를 내지 않아도 직원 스스로 행동하여 잠재력을 발휘하고 역할을 완벽하게 수행할 수 있도록 리드하고 있으며, 모든 직원과 회사 내 정보를 공유하고 소통함으로써 직원들에게 같은 목적을 가지고 같은 방향으로 나아갈 수 있는 나침반 역할을 하고 있다.

현장을 확인하고 현장에서 고민하고 현장에서 생각한 후 행동하면서 최일선 현장 관리자로서 직원을 이기려 하지 말고 설득하고 낮은 자세로 업무수행하고 있으며 사장에게 있어 최우선의 고객은 직원이라는 생각으로 골프장을 경영하고 있다.

대내적 역할	대외적 역할

♣ 회사의 목표 설정과 비전 제시
♣ 최종 의사 결정자
♣ 가용자원 총 동원 및 운영
♣ 적재적소 보직부여 및 동기부여
♣ 조직의 장, 문제해결사, 자원 분배자
♣ 노동조합의 견해조정자
♣ 채용 및 교육, 승진 등 동기유발
	♣ 회사의 대표자
	♣ 유관기관, 지역주민 유대강화
	♣ 회사 주변 NetWork관리
	  • 회원, 준회원, 비회원, 지역동호회 등
	♣ 조직경영에 대한 평가 및 수용
	♣ 고객의 소리 경청, 적극 수용
	  • 설문의견지, 홈페이지 등

2. 사장의 하루 일과는?

사장의 경영목표는 軍체력단련장 설치 목적에 부합한 합리적 경영, 고객 중심경영으로 다시 찾아올 수 있는 명품 골프장 육성, 생동감 넘치고 활력 있는 조직관리를 목표로 사장직을 수행하고 있다.

매일 이른 아침 2~3시간 도보로 코스를 돌면서 그린 및 페어웨이 잔디와 관리 상태와 품질 확인, 당일 입장 고객의 골프 수준을 파악하여 홀컵이나 티의 위치가 적절한가를 판단하고 필요시 조정하고 그날의 안개, 강풍, 비, 한파 등 기상으로 인한 제한사항이 있는 경우 현장에서 직접 파악하여 실시간으로 판단하여 조치한다. 또한 고객의 성별 구성 비율, 골프장 시설 및 코스 품질에 대한 고객 반응, AI카트 고객 이용 상태를 확인하고 이에 대해 코스 및 경기과 직원들과 소통하며 동시에 담배꽁초, 부러진 티 등을 수거하거나 디봇 수리 및 잡초제거 등 현장에서 함께 하루를 시작한다.

"현장에 답이 있다"는 것을 명심하고 군 전역 후 국가가 나에게 부여한 소중한 임무를 감사한 마음으로 최선을 다하고 있으며, 현장이란 '사무실 및 프런트 등 직원들 근무 현장이 아니고, 페어웨이 및 그린도 아니고, 진짜 현장은 고객의 마음이다.'라는 것을 명확히 인식하여 골프장을 경영하고 있다.

사장의 하루 일과표(무더운 어느 여름…)

- ▶ 04:00~04:30 : 프런트 직원으로부터 조출자 현황 및 현장 기상상태 SNS로 보고 받음
- ▶ 06:00~09:00 : 영업 및 코스관리 현장 확인
  ※ 코스, 경기과, 그늘집, 카트실, 프런트, 락카, 연습장 등
- ▶ 09:00~12:00 : 경영팀/코스팀 일일 업무결산 보고, 전략토의 및 업무지시. 예약 편성 확인 및 결재
- ▶ 12:00~13:00 : 중식
- ▶ 13:00~17:00 : 이용객 내장 결과 및 매출금 확인, 민원 확인. 익일 조기출근자, 휴무/휴가자, 기상 예보 확인
- ▶ 19:00~21:00 : 경기, 총무과 마감 보고 확인
  ※ 경기종료 이상유무, 화재 및 보안, 익일 취소티 발생 및 조치 등

현장에서 시작하는 사장의 하루 일과

24년 5월 9일(목요일) 이른 새벽 코스 현장 확인
5번홀 그린에 도착했을 때 코스팀장이 인사하며 다가왔다.

💬 "사장님! 안녕하셨습니까? 오늘부터 그린 에어레이션 작업 시작합니다. 고객님들이 불편하지 않도록 출발할 때 경기진행 요원에게 안내해 달라고 협조했습니다. 작업간 안전사고가 발생하지 않도록 안전교육 철저히 한 후 작업을 시작하겠습니다."

💬 "그래요! 팀장 수고 많아요! 내가 뭐 도와줄 것 없나요?"

💬 "괜찮습니다. 지금도 충분합니다. 지난 주 사장님께서 회식비를 주셔서 직원들과 함께 즐거운 시간을 보냈고 사기도 충천해 있습니다. 올 여름에도 잔디관리에 최선을 다하겠습니다. 그리고 동계 공한기에 직원들 사기 다시 한번 올려주시면 감사하겠습니다."

💬 "알았어요! 내가 꼭 자리 한번 마련해서 격려해 줄께요!"

💬 "감사합니다. 그럼 돌아가서 업무 보겠습니다."

💬 "오케이! 수고해요!"

코스 현장에서 팀장들과 함께!!!

24년 6월 5일(수요일) 새벽 코스현장 확인

웅비 코스 1번홀 티박스부터 영업준비 및 코스 상태를 확인하고 부러진 티와 담배꽁초 등을 수거하며 3번홀 티박스에 다다랐을 때 옆에 티샷을 준비 중이던 새벽 조조 9홀 고객과 간단한 대화를 나눴다.

💬 "혹시 사장님 아니십니까?"

💬 "어떻게 아셨습니까?"

💬 "운동할 때마다 쓰레기 줍는 모습을 자주 봤습니다. 처음에는 청소하는 일용직인 줄 알았는데 이렇게 이른 새벽 코스를 돌며 쓰레기를 줍는 사람은 회사의 오너일 것 같아서 여쭤본 겁니다."

💬 "예! 맞습니다. 알아보시다니 감사합니다. 그런데 운동하시는데 불편한 점은 없으신가요?"

💬 "예! 코스가 너무 좋습니다. 그런데 O번홀 티 매트에 티가 잘 안 꽂힙니다."

💬 "아! 그래요? 잘 알겠습니다. 즉시 확인해서 조치하겠습니다."

💬 "이렇게 사장님께서 매일 코스를 돌며 현장을 확인하고 오물을 수거하시니 골프장이 좋아지는 것 같습니다."

💬 "아이구! 감사합니다!! 남은 경기 잘 하시고, 자주 오세요!!"

▲ 아침 순찰 중 여러 고객들과 만나 대화하며 골프장 관리 상태, 고객의 수준 및 분위기, 직원들 친절도 등을 파악한다.

24년 9월 10일(화요일) 새벽순찰

    4번 홀에서 코스팀장과 폭염으로 약해진 잔디 관리에 대해 현장에서 토의식 보고를 받은 후, 경기진행요원을 격려하기 위해 경기과에 들렀다.

- 💬 "○○○씨 수고 많아요! 연일 계속되는 폭염에 경기 진행하는데 어려움은 없나요?"
- 💬 "네! 일하는 데는 문제 없습니다. 다만 날씨가 더워서 고객들의 열사병 등에 대한 안전이 걱정됩니다."
- 💬 "그래요? 항상 고객들의 상태를 예의주시해서 관찰하고, 평소 응급처치요령에 대해 행동화 숙달도 했고, 긴급출동 대기조가 있으니 걱정말고 무리하지 않게 경기진행을 순조롭게 잘해주길 부탁해요."
- 💬 "네! 알겠습니다. 고객들의 안전에 최선을 다하겠습니다."
- 💬 "그럼 계속 수고해요~!"

▲ 코스팀장, 경기과장 "이건 어때?"
   * 홀컵 위치 토의

▲ 경기진행요원 격려

▲ "사장님! 여기 시원한 물 한잔…."

24년 9월 6일(금요일) 새벽순찰

3일 동안 연이어 2개의 강한 태풍이 지나갔다. 밤새 태풍 피해를 확인하기 위해 일찍 출근한 두 팀장과 코스를 점검한 결과, 사전에 태풍에 철저히 대비하여 2번홀 소나무 1그루를 포함한 수목 전도 피해 3그루와 날린 낙엽과 나뭇가지 등이 그린과 페어웨이에 지저분하게 남아있는 것을 제외하면 큰 피해가 없었다. 코스팀장에게 골프에 방해되는 전도 수목 및 비산물 제거를 지시하고 나는 사령부에 이번 태풍으로 인한 큰 피해가 발생하지 않았음을 보고했다.

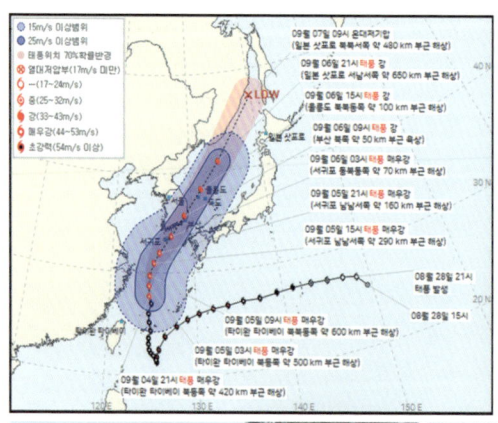

제11호 ○○○ 대비 점검 및 조치 계획(5보)

❏ **태풍 진로 및 지역 기상예보(9.5일 12시 기준)**

구 분	9월5일(목)21시	9월6일(금)03시	9월6일(금)09시	9월6일(화)15시
위 치	서귀포 남남서쪽 100km	서귀포 북동쪽 100km	부산 북북동쪽 80km	울릉도 북북동쪽 180km
중심기압(hpa)	940	945	955	960
최대풍속(m/s)	47	45	40	39
강풍반경	420	400	380	370

※ 9월 6일 00시 ~ 9월 6일 15시 논산지역 강풍 예상(9.6일 03~08시 : 순간풍속 15~24m/s)
※ 9월 6일 00시 ~ 9월 6일 08시 150mm 이상(특히 03시 ~ 05시 시간당 50mm 집중강우 예상)

❏ **점검 및 조치 사항**

구 분		세 부 내 용	완료일자
경영팀	총무과	· 체력단련장 내 현수막 제거(시설담당)	9월 3일
		· 영업마감시 CCTV 전원 차단(시설담당)	9월 5일
		· 배수펌프 작동 점검(시설담당)	9월 3일
		· 클럽하우스 주변 비산물 제거/ 실내보관(구매담당)	9월 5일
		· 카트살 몽골텐트 철거 지원(전직원)	9월 4일
		· 클럽하우스 로비 및 사무실 창문 잠금	9월 5일
	연습장	· 연습장 그물망 전체 내리기(9.4일 10:00)	9월 4일
		· 타석대 선풍기 등 부착물 제거/ 실내보관	9월 5일
		· 연습장 주변 비산물 제거/ 실내보관	9월 5일
		· 지하 기계실 배수펌프 작동 점검 및 추가 배수펌프 설치	9월 5일
	락 카	· 락카 및 기계(세탁)실 모든 유리창 닫기	9월 5일
	경기진행	· 카드살 몽골텐트 철거 및 비산물 제거(경기과장)	9월 5일
		· 카트실 지붕 와이어 로프 고정 작업(경기과장)	9월 5일
		· 전동카트, 오토바이 등 소형장비 실내 이동 보관(마감근무자)	9월 5일
		· 코스내 파라솔, 의자, 쓰레기통 등 고정 및 철수(마감근무자)	9월 5일
코스관리팀		· 수목 지주목 설치 및 와이어 고정	9월 2일~4일
		· 모래 야자 보관물 덮개 설치 및 고정	9월 3일
		· 안전망, 이동식클라 철수/보관	9월 3일
		· 코스 및 창고주변 비산물 제거(작업도구, 농약통 등)	9월 3일
		· 집수구 및 배수로 청소	9월 4일~5일
		· 스프링쿨러 통제시스템 전원 차단(퇴근시)	9월 4일~5일
		· 배수구, 맨홀 주변 이물질 제거	9월 5일~6일
		· 외부보관 장비 실내 장비고 이동 보관(장비담당)	9월 4일~5일
		· 파고라, 간이화장실 창문/문 닫기 및 고정(마감근무자)	9월 4일~5일

❏ **시설/직원 운영**

  ○ 체력단련장 운영 계획 : **5일(연습장 휴장), 6일(골프장, 연습장 휴장)**
  ○ 직원운영계획
    • **직원 12:30분 출근 ☞ 피해복구**
    • 피해복구 작업 수행에 제한 되거나, 태풍으로 출근이 어려운 경우 대체 휴무(가) 지원
  ○ 태풍 대비 위기 조치 상황실 운영(경영팀장, 총무과장)
    • 태풍 보도 상황 유지 → 매일 기상청 예보를 기준으로 태풍진로 및 조치계획 갱신
    • 9월 6일(화) 오전 상황대기 : 사장, 총무과장(08:00출근)
    • 순찰 실시(2인 1조) : 배수로, 수목 전도, 시설 확인

24년 9월 22일(일요일) 새벽순찰

밤새 100mm가 넘는 많은 비가 내렸다. 코스 및 시설에 피해가 없는지 확인하고 클럽하우스 앞에 도착하니 경영팀장이 나와 인사하며,

💬 "사장님! 경영팀장입니다. 코스팀장과 통화한 결과 어제 내린 비로 인한 코스 피해는 없는 것으로 파악되었습니다. 그리고 현재 실시간 일기예보를 확인해 보니 07시경부터 아주 약한 비가 2시간 정도 내리다 그치는 것으로 바뀌었습니다. 오전 정상 영업하도록 하겠습니다."

💬 "다행이네요! 그렇게 하세요!"

💬 "감사합니다. 09시에 일일업무결산, 10월 티편성 계획 보고드리겠습니다."

💬 "알았어요! 내가 젖은 옷을 갈아 입어야 되니 9시 10분에 봅시다."

▲ '두더지' 피해가...(두더지 덫 설치)

▲ 드디어 '두더지'가 잡혔네!!!

▲ 안전망은 이상무!!!

▲ 비온 후 코스 상태 보고 및 토의 중

24년 2월 20일(화요일) 새벽순찰

　오늘도 평소와 같이 새벽에 코스를 돌며 부러진 티, 담배꽁초 등 오물을 수거하고 경기과 앞에 도착했다. 경기과 직원들과 얘기하던 중 문득 내가 오늘 주운 오물이 몇 개인지 궁금했다. 경영팀장을 불러 경기대리와 함께 오늘 수거한 오물의 수를 세어 보았더니 398개였다. 이것을 본 직원들이 놀라며,

- 💬 "사장님 정말 대단하십니다. 그냥 보기에는 얼마 안 돼 보이는데 400여 개나 되네요. 저희 직원들이 해야 할 일인데…. 사장님께서 이렇게 하시니 저희가 부끄럽습니다."
- 💬 "아니네, 바쁜 직원들이 이런 것까지 신경쓸 시간이 있겠나! 직원들에게 지시하고 안 되면 나만 스트레스 받네. 내가 하면 마음 편한 것을^^"
- 💬 "그래도 400번이나 숙여 주우시려면 정말 힘드셨을 텐데요. 그렇지만 사장님께서 이렇게 오물을 열심히 수거해 주신 덕분에 요즘은 고객들로부터 티박스에 부러진 티나 담배꽁초에 대한 민원이 사라졌습니다."
- 💬 "그렇긴 하지, 한 사람의 노력과 의지가 이렇게 큰 결과를 낼 수 있다는 것을 명심들 하게…."

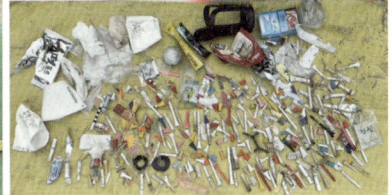

▲ 필드 내 쓰레기 수거 중　　▲ 오늘 실적을 결산해 볼까?　　▲ 이만큼이나???
　　　　　　　　　　　　　　　　　　　　　　　　　　　엄청나구만~, 뿌듯하군!!!

'골프장과 함께하는 하루의 시작과 끝!'

▶ 24년 5월 6일(월요일)

04:20분 프런트 직원의 조출 보고를 알리는 카오톡 소리로 하루 일과를 시작한다!

💬 "사장님! 오늘 프런트 근무자 ○○○입니다. 프런트(○○○), 카트실(○○○), 코스팀(○○○) 모두 출근했습니다. 그리고 현재 시간당 1mm 이하의 약한 비가 내리고 있으며 체감온도는 8℃입니다."

💬 "오케이! 수고많아요!"

▶ 24년 5월 7일(화요일)

04:20분 전일 비 예보로 프런트에 전화해서 현장 기상 및 선택제 운영 여부 결정을 위해 현지 기상을 확인하려는 순간 팀장의 전화가 왔다.

💬 "팀장 새벽에 무슨 일인가?"

💬 "사장님! 기상상황 보고드리겠습니다. 현재 일기예보에는 12시까지 비가 내리는 것으로 예보되어 있습니다. 시간대별 예보상황으로는 05시~07시까지 시간당 2mm 이하, 07시~09시 시간당 1mm 확률 60%, 09시~12시 1mm 이하 확률 60%입니다. 조조 9홀과 오전 정규팀에 대한 선택제 운영 여부 결심 부탁드립니다."

💬 "어떻게 하는 게 좋겠어요?"

💬 "예보된 비의 양과 확률을 고려할 때 조조 9홀은 선택제 적용하고, 오전 정규팀은 정상운영하는 것이 좋을 것 같습니다. 단, 체감온도가 낮은 관계로 고령자 및 건강상의 이유로 취소를 요구할 경우 현장에서 판단, 허용하는 것이 좋겠습니다."

💬 "오케이! 그렇게 진행하세요!"

▶ 25년 5월 19일(월요일)
14시 50분 예약담당이 밴드에 공지한 다음날 편성팀과 티오프 시간을 확인한다.

💬 5월 20일(화) 내일은 총 ○○팀(1부 : ○○, 2부 : ○○, 3부 : ○○)이며, 조조 9홀 05시 20분, 2부 18홀 07시 18분, 3부 18홀 12시 54분 티 오프입니다.

▶ 25년 4월 25일(금요일)
퇴근 후 19시 30분 경기진행 요원이 회사 내 직원 전체 소통 밴드에 경기마감자의 보고가 올라왔다.

💬 오늘 경기는 19시28분 이상없이 종료되었습니다.
💬 ○○○씨 수고했어요.

그리고 잠시 후 19시 35분 단톡방에 사무실 마감근무자의 보고를 받고,

💬 4월 25일 마감보고입니다. 오늘 경기는 19시 28분 종료되었으며, 경기담당은 ○○○, 락카담당은 ○○○, ○○○입니다. 17:30분경 내일 오전 08:12분 취소티가 1개 발생하여 전체 공티로 올려놓았습니다. 현재 기준 내일 경기팀은 00팀입니다. 그 외 특이사항은 없습니다. 사무실 전기 안전점검 후 퇴근하겠습니다.

💬 오늘 수고 많았어요. 집에 가서 푹 쉬어요.

(엄지척)을 날려주면서 하루 일과를 마감한다.

"지성이면 감천이다! 하지 않았던가!!!"

3. 사장의 다짐!!!(10대 근무수칙)

I. 직원들이 **자율적**으로 제 역할을 할 수 있도록 도와주자!
   * 강요, 지시하지 않아도 되는 조직시스템 구축!

I. 다양한 의견을 듣고 **경청**하자!
   * 직원들의 창의성 있는 아이디어 제공으로 이어지며 이는 회사 발전의 밑거름이다!

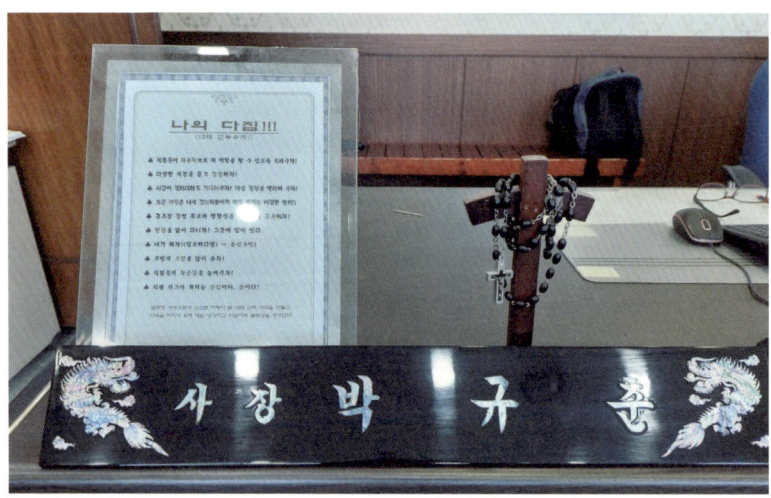

I. 시간이 걸리더라도 **기다려주자**! 대신 결정을 빨리해 주자!
  * 40여 년 군인으로서 몸에 밴 '즉각반응!' 기다림이란 어려운 일이다!

I. 모든 **책임**은 나의 것!, 직원에게 책임 전가는 비겁한 행위!

I. **현장**을 많이 다니자! 그곳에 답이 있다!(고객, 직원과의 소통)
  * 고객의 불만을 좋은 것으로 인식하고, 불만은 곧 문제 해결의 기회로 인식하자!

I. 골프장 경영 목표와 방향성을 직원들과 **공유**하자!

I. 내가 하자!(필요하다면….) ⇒ **솔선수범**!

I. 주변의 **조언**을 많이 듣자!
  * 남의 조언을 수용할 수 있다면 실패 한 번을 줄일 수 있다.

I. 직원들의 **자존감**을 높여주자!
  * 골프장의 주인은 직원이다. 높은 자존감은 고객 친절과 높은 생산성으로 환원된다.

I. 직원 최고의 **복지**는 「승진」이며, 「성과금」이다!

제3장
사장 취임 후 새로운 변화 시도

우리는 언제나
자신을 변화시키고 새롭게 하고
젊게 해야 한다.
그렇지 않으면 굳어져 버린다.
-괴테-

1. 솔선수범을 통한 현장 중심 의사소통과 공유

골프장은 즐겁고 행복한 장소여야 한다. 골프장을 이용하러 온 고객의 욕구를 충족하기 위해 주변 여건을 최상으로 조성해야 하고 그러기 위한 전제 조건은 사장이 먼저 웃고 다가서야 한다. 그래야만 직원이 즐겁고 행복하게 일할 수 있으며 여기서 나오는 고객에 대한 서비스와 친절은 다시 고객을 즐겁고 행복하게 한다. 골프장을 좋은 이미지로 받아들인 고객은 재방문 확률이 높아질 것이며 영업이익 창출에도 크게 기여할 수 있을 것이며 이러한 성과는 또다시 직원들에게 혜택으로 돌아가게 되며 직원들은 더 열심히 맡은 일에 최선을 다하는 긍정적인 선순환이 형성될 것이다.

사장과 팀장은 시간과 장소 구분 없이 언제든지 소통하며 업무에 대해 신속하고 정확하게 결정을 내리며 부수적인 실수에 대해서는 모든 책임을 사장이 기꺼이 감수한다.

업무의 완급을 가려 부하직원에 대해 믿고 기다리며 그들의 자발적 주도성과 창의력을 끌어내기 위한 노력도 필요하다. 시작된 업무는 반드시 완수하되 속도보다는 방향에 중점을 두고 모든 업무에 대해 무엇이든 믿고 맡길 수 있는 능력을 갖추도록 했다.

속담에도 "윗물이 맑아야"하듯 사장이 먼저 솔선수범하고 언제 어디서든 제일 먼저 등장하여 문제 해결을 하니 고객들로부터 좋다는 입소문도 나고 상급부서인 인사 사령부로부터 우수시설 선정, 인접 골프장에서도 견학 및 문의 등이 많았으며, 특히 육군본부 재무감사 시에는 모범적으로 골프장을 경영한다는 평가와 함께 참모총장 표창도 받는 영광이 있었다.

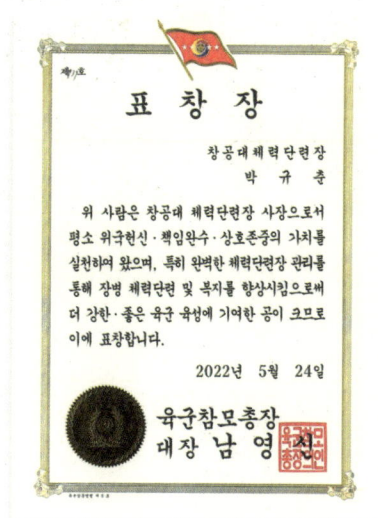
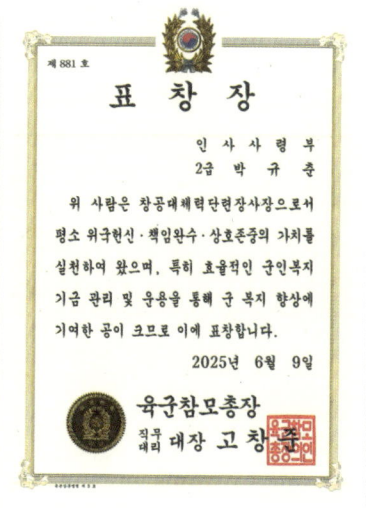

의사소통이란?

법륜스님은 "내 말을 들어주는 것이 아닌 상대방 말을 많이 들어 주는 것."

조용근 교수는 "의사소통은 머리를 끄덕끄덕해 주며 인정하고 공감하는 것."

김정운 교수는 "순서 주고받기식" 타인의 순서를 기다릴 수 있어야 진정한 의사소통이 가능하다. … 오늘날 사방에서 '욱'하는 이유는 '성취'와 '경쟁'의 규칙들로만 지내온 세월 때문이다. … 자신의 '순서'를 빼앗긴 상대방은 '분노'할 수밖에 없다. '분노'는 또 다른 '분노'를 낳는다. 그동안 까맣게 잊고 지내온 '순서 주고받기'라는 의사소통의 근본 규칙을 회복하지 않으면 이 분노의 악순환으로부터 결코 헤어날 수 없다. 조금만 차분하게 기다릴 줄 알면 그렇게까지 '욱'할 일은 별로 없다.

위에서 언급한 내용들을 종합해 보면 의사소통의 핵심은 경청(敬聽)이다. 올바른 경청의 자세로 상대방을 존중하고 배려하면 보다 실질적으로 판단에 도움이 되는 진실을 담아낼 수 있다. 이같은 자세는 최적의 의사결정을 내리는 데 든든한 토양이다.

따라서 직원들과 약속은 반드시 지키고, 우유부단하고 애매모호한 태도는 직원들에게 혼선을 주므로 명확하고 일관성 있는 태도로 직원에게 믿음과 신뢰를 주어야 한다. 결국에는 골프장을 경영하는 것은 직원과 함께 하는 것이며, 사장이 약속 이행과 명료하고 일관성 있는 소통의 태도를 통해 얻은 소중한 결과가 고객에게 전달되어 영업이익을 창출한다면 의사소통의 산물인 것이다.

사장 휴무일로 출근을 안할 때는 팀장 또는 총무과장이 골프장 현 상태를 실시간 보고하여 쉬는 날에도 골프장과 직원과 늘 함께했다. 평상시에도 프런트 조기 출근 직

▲ 내가 해야지!!!
* 안내표지판 잡초제거

▲ My precious!
※ 매일 아침 코스를 돌며 오물수거하는 모습

▲ 홀 아웃한 고객들과 코스상태 및 경기진행에 대해 대화하는 모습

원의 각 부서별 영업준비를 위한 조기출근자 출근 현황 보고, 예약담당의 익일 운영 팀수 및 시간 계획 직원 단체밴드 공유, 경기마감자의 경기종료시간 직원 단체밴드 공유, 사무실 마감 근무자의 익일 공티 현황과 화재 예방, 시설 안전 점검 결과 등 전직원이 골프장 경영을 공유하고, 안전이 보장된 가운데 최대 영업이익을 창출하기 위해 노력하고 있다.

사장은 고객들의 얘기를 잘 들어주고, 직원들의 커뮤니케이션이 잘 되도록 하는 것이 핵심 역할이다.

"듣는 귀는 없고, 말만 하는 입만 있다면 불통이다!"

소통(Communication)은 단계가 단축되거나 아예 없을수록 좋다. 팀장이나 과장은 자기를 거치지 않고 사장에게 보고가 되었을 때는 죄인 취급을 해서는 안된다. 단 사장에게 보고한 직원은 반드시 해당 직속 상사에게 그 결과를 신속하게 보고하여 상호 오해하는 일이 없도록 시스템을 정착시켰다.

2. AI카트 도입과 창공대만의 독자적이고 차별화된 경영전략 수립

과거 군 생활 중 GOP 담당 전방사단 작전참모로 근무하던 시절에 당시 사단장님께서 하셨던 말이 기억났다.

"백지에 그림을 그릴 때 남이 그림을 그리다 중단한 그림을 내가 받아서 그림을 그리는 행위가 가장 어렵고 어리석은 짓이라고…."

인접 타 골프장에서 운영을 중도에 포기한 장비를 운영하는 것에 사실 자신감은 없었다.

첫째, 타 골프장에서 야기된 문제점들을 해결할 수 있을까?
둘째, AI카트 도입을 반대하는 직원들을 어떻게 설득할 것인가?
셋째, AI카트 운영하다 중도에 포기하는 것은 아닌가?(하는 두려움 등)

우리 골프장과 운영 시스템이 완전히 다르고 또한 AI카트를 순차적으로 인수하여 운영하는 것이 무모한 도전은 아닌지 한편 후회도 했다.

AI카트 도입 배경

타 골프장에서 약 6개월여간 시범운영 하던 중, AI카트 결함 및 오작동에 의한 고객 이용 불편, AI카트로 인한 코스 잔디 손상, 급경사 지역 안전사고 예상 등등 여러 가지의 문제를 사유로 운영을 포기하였다.

이미 AI카트 도입 및 운영을 위해 시설보강 및 관리에 많은 예산이 투입된 상태에서 수억 원 이상의 예산을 투입한 장비를 사장시킬 수 없어 사령부 차원에서 인수 운영할 다른 골프장을 검토하던 과정에서 "우리 골프장이 인수하여 운영하겠다."고 사령부에 건의하여 AI카트를 순차적으로 전환 받아 운영하게 되었다.

AI카트 도입과 운영 과정에서 있었던 어려움들!

AI카트가 우리 골프장으로 도입이 결정된 후, 이전 골프장에서 발생했던 문제점과 우리 골프장만이 갖고 있는 환경 요소를 해결해야 하는 어려움이 있었다.

1) 前 골프장에서 AI카트의 무리한 사용과 정비 불량으로 인수 즉시 운용 제한.
   ※ 배터리 전면 교체 및 장비수리 등 많은 예산이 소요되었음.

2) 前 골프장에서 발생한 오작동 및 장비결함에 대한 개선이 안 된 상태에서 인수.
   ※ 모든 AI카트에 대해 정비와 테스트를 문제 해결 시까지 작업 반복 수행.

▲ AI카트 보관소 신축한 모습

▲ 중고 AI카트 3차에 걸쳐 순차적으로 120대 최종 인수 완료(1차:4대, 2차:12대, 3차:104대)

3) 전반적인 관리·운용 시스템의 변화로 업무 증가에 따른 직원들의 부정적인 인식.

4) AI카트가 우리 골프장에 적합한 장비인지 확신이 없는 상태에서 도입 결정.

▲ AI카트 이상이 없는지 수회에 거쳐 직원들이 테스트

5) AI카트를 충전 및 보관장소, 정비 능력 등이 부재한 상태에서 긴급 도입.

6) 카트 이동로와 차량 이동로가 교차되어 추돌사고 위험 내재(매우 높음).

▲ 고객들에 의한 AI카트 시범운영

7) 기존 1인 전동카트와 AI카트를 혼합운용하는데 따르는 제한사항 해결이 필요.
  - 차등 요금 적용 시 발생하는 요금수납 및 회계결산이 복잡하고 업무량 증가
    - 통합업무 시스템 100% 활용 불가, 특히 환불 상황 시 수작업으로 금전사고 위험
  - 고객들의 특정 카트 선호에 따른 고객과의 마찰 발생
  - 두 종류 카트의 이원화된 수리 및 보급시스템이 복잡하고 업무량이 증대됨
8) 고객들에게 사용법과 주의사항 등 교육 및 안내 인력 추가 운영 및 작업소요 증가.
9) 카트보관소 신설, AI카트 정비 및 소모품 교체, 안전사고 예방을 위한 시설보완, 잔디관리에 필요한 농약 및 비료 등 많은 추가 예산 소요 발생.

도입부터 어렵다는 것을 이미 알고 있었기 때문에 위와 같은 어려움을 극복하기 위하여 최초부터 ZERO 베이스 상태에서 철저한 검증을 통하여 '완벽한 계획'을 수립하였고, 경기 도중 발생이 예상되는 다양한 상황을 염출하여 반복된 예행연습과 타 골프장에서 문제가 되었던 사례를 도출하여 워-게임을 통하여 '철저한 준비'를 하였다. AI카트 도입과 동시에 전 직원을 총동원하여 '현장에 집중 투입 운영'하였고, 현장에서 운영 경험이 있는 직원들의 의견수렴과 고객들의 반응을 종합하여 여러 번 '자체평가 회의'를 통하여 미비점을 보완하는 등 '계획 ⇨ 준비 ⇨ 실시 ⇨ 평가 후 Feed Back'을 실시하여 AI카트 운영을 조기에 정착시키는 등 우리만의 독자적이고 차별화된 명품 골프장으로 거듭 태어났다고 자부한다.

AI카트 운영과 골프장에 대한 고객 반응

"AI카트에 가까이 서서 'MODE'만 한번 누르면 끝! 그리고 걸어 나

가면 졸졸(일명 뽀삐) 카트가 따라와서 조작법이 단순하답니다."

"골프 백이 항상 옆에 있어서 골프채를 들고 다니지 않아 주변에 있는 어느 골프장(모노레일, 유도카트 등)보다 편하네요."

"양손이 자유로워 이동하면서 우산 사용, 휴대폰 조작, 보이스 캐디 등 언제든지 무엇이든 할 수 있어서 편리합니다."

"운전을 위해 장비 손잡이를 잡지 않아도 되고, 이동 시 바른 자세로 걷기 운동도 할 수 있어 허리 및 어깨에 피로감이 덜하네요."

"골프장 입구부터 이동하기 쉽게 안내표시가 있어서 편하네요. 카트 보관소와 주차장 등이 전보다 잘 정돈되어 있고 편리해져 자주 오고 싶네요. 그런데 부킹이 안되는데 부킹 좀 자주 해주면 안될까요."

"AI카트 도입 후 직원들 표정이 밝고 아주 친절합니다. 경기 소요시간도 단축되고 좋아요."

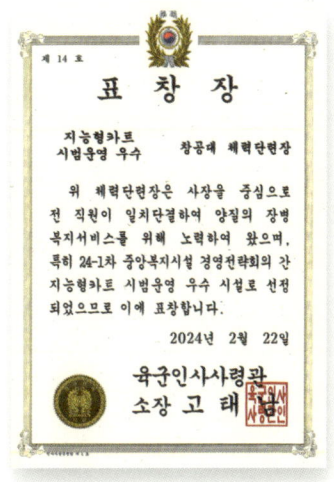

3. 중간 관리자(팀장)의 제 역할 수행 여건 보장

1) 사장 부임 후 현실태를 진단한 결과

부서의 장인 팀장은 업무에서 일부 배제되어 있었고 팀장 본인도 업무에 소극적인 자세, 직원들과 상호 불편한 관계가 형성된 것을 확인할 수 있었다.

그러다 보니 사장은 팀장을 패싱하게 되고, 팀장은 업무를 소홀히 하고, 직원들 역시 팀장을 패싱하고, 노사 갈등과 노노갈등 등 악순환이 반복되어 팀장의 존재감은 사라지고 직원 상호 비방하고 험담이 빈번하였으며 그 원인을 3개월 동안 심층 분석한 결과 모두에게 문제가 있다는 것을 확인할 수 있었다.

사장 부임 전 사령부 팀장들로부터 "창공대 체력단련장에 가시면, 영업이익 생각하지 말고 직원들과 화합하여 시설 관리를 잘 하라."고 왜 당부를 했는지 알 수 있었다.

팀장 패싱의 원인은?

사장은 왜 팀장을 패싱했을까?

1. 사장의 업무지시에 소극적이고, 때론 안함.
2. 권위만 찾고 책임은 회피함.
   예) 사장의 업무지시를 직접 받은 직원이 보고했을 때 "네가 사장한테 직접 지시를 받았으니 알아서 해."
3. 업무회의 토의 결과에 대해 직원과 공유 하지 않거나, 회의 내용을 왜곡하여 전달.
4. 사장이 업무추진 검토를 지시할 경우, 부정적인 이유를 대며 업무 회피 등.
   예) "직원들이 원하지 않을 겁니다."
   "옛날에 했었던 일입니다."
   "예산 낭비입니다." 등

직원은 왜 팀장을 부정했을까?

1. "팀장이 월급은 나보다 많이 받는데 하는 일이 없다."
2. 부하직원들은 폭염, 한파에도 현장에서 힘들게 일하고 있는데, 사무실에서….
3. 일할 때 방해만 된다.
   예) 갑자기 와서 "그거 뭐하러 하냐?"며 다른 업무를 지시
4. 업무에 대해 즉흥적으로 지시한다.
   예) 팀장 지시대로 했는데, 잘 못 되면 사장한테 본인만 혼나고 다시 일함.
5. 팀장 부재시 사장 주관회의 참석 결과 보고 기피.
   예) 보고하면 "네가 참석했으니 알아서 해!" 같은 반응

2) 부임 초기 팀장 및 직원 업무수행 실태

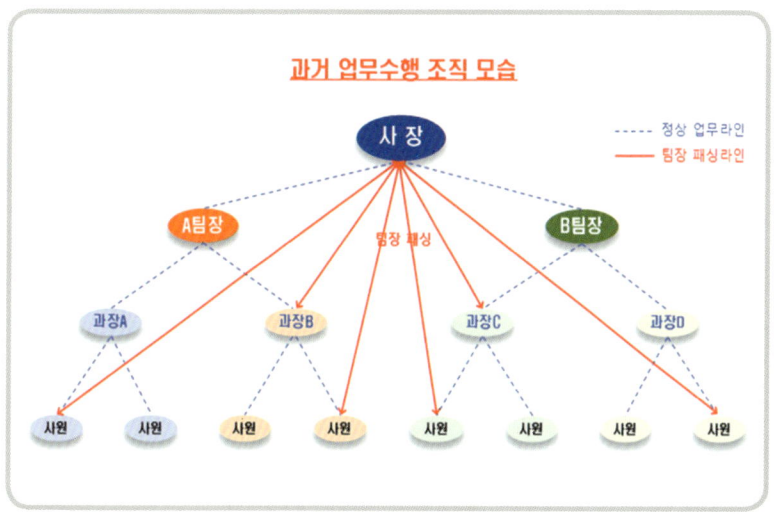

 당시 팀장들은 팀장이 아니라 일반직원과 같이 동일한 임무를 수행하고 있는 직원에 불과할 뿐이었다. 사장은 업무추진에 필요한 직원과 1:1로 지시하고 보고 받는 업무체계였으며 이러한 과정에서 팀장의 업무 배제는 자연스럽게 발생하였다.
 물론 사장이 직원 개개인을 1:1로 소통하다 보니 빠르고 정확한 업무추진이 가능한 부분도 있지만 직원들이 사장에 대한 높은 의존도, 팀장의 역할 축소 및 직원들의 팀장에 대한 무시, 사장과 직접 컨텍하지 못한 직원은 찍혔다고 생각하고 제멋대로 행동하는 등 많은 부작용이 발생하고 있었다.
 결국 팀장은 담당 직원들이 추진하는 업무에 대한 정보가 차단되다 보니 자연스럽게 사장이 추진하는 업무에 관심이 없거나 부정적이었고, 사장이 지시한 업무도 직원에게 제대로 전달하지 않았으며, 직원들 역시 팀장 지시에 따르지 않고 사장과 직접 소통하려고 하다 보니 자연스럽게 팀장은 조직관리 및 장악도 못하는 무능한 직원으로 인식되었고 팀장들은 조직관리를 포기하고 사장이 직접 지시한 업무만 마지못해 수행하거나 단순한 행정업무만 수행하고 있었다.

팀장의 지시에 불복하고 사장에게 직접 본인의 의견을 유리한 방향으로 피력하고 결심을 받기 위해 사장실로 직접 찾아오는 등 팀장은 배제되고 사장 중심의 조직 운영이 결국 팀장의 무능함을 유발하는 것에 그치지 않고 더 나아가 직원들은 사장의 환심을 사기 위해 서로를 비방하고 험담하는 등 직원 갈등이 고조되었다.

위에서 언급한 문제점들은 사람과 사람과의 관계로 단기간에 해결할 수 있는 사안이 아니었고, 설령 해결한다고 해도 오히려 더 큰 분란만 야기될 것 같아 3개월 동안 정말 많은 고민을 하였다.

43년 동안 군에서 조직 생활을 해왔지만 이와 같은 조직은 처음 봤으며 이런 조직으로 어떻게 골프장이 운영되고 있었는지 신기할 따름이었다. 현 문제점들을 계속 방치할 경우 노사 갈등, 노노갈등은 더욱 심하여 고객들의 불편함은 물론 창공대 골프장의 존폐 위기가 오는 것은 아닌지 위기의식을 느낄 수밖에 없었다.

한편, 사장으로서 보장된 임기 2년에서 3년 동안 인기 위주로 현실과 타협하며 골프장을 경영하고 보직을 마치면 되지만, 평생을 국가와 군에 헌신해 온 나로서는 이러한 현실과 타협하고 싶지 않았으며 창공대를 위해서나 또는 나를 믿고 골프장 사장이라는 보직을 주신 분들을 위해, 군에 마지막으로 헌신하기로 마음먹고 골프장을 개혁해야겠다고 다짐하고 추진하게 되었다.

앞에서 언급했듯이 업무수행 조직관리 체계가 1~2년 내의 단기간 발생한 현상이 아니라 10여 년 동안 장기간에 걸쳐 형성된 것이기 때문에 이를 바로잡기 위해서는 많은 시간과 노력이 필요했으나, 인내심을 가지고 임기 내 완료한다는 목표로 단계별 계획을 세워 하나하나 업무수행 조직체계를 개혁하기 시작했다.

단계별 팀장 업무수행 개혁 추진과정

1단계 인적 쇄신, 체계 구축 (22.1월~12월)
1. 팀장 전원 보직 조정
2. 팀장 및 직원의 책임과 역할 명확히 구분
3. 사장-팀장-(과장)-사원 지휘체계 철저하게 준수
4. 팀장 주관 일일, 주간 업무 결산 시행
5. 팀장 상호 업무관련 협조 및 소통 강화

2단계 팀장 중심 업무 정착 (23.1월~12월)
1. 사장과 팀장 상호 의견 일치 노력 강화
   * 식사, 회의, SNS 등 소통 강화
2. 팀장 책임하 업무 추진 결과 신상 필벌
3. 팀장 비방, 험담 행위 차단
4. 팀내 성과 공유 및 포상 : 인사권 강화
   • 진급, 성과금, 징계 등 팀장 의견 적극 수용
5. 팀 단결활동 지원 : 체육활동, 워크숍, 단체회식 등

3단계 성과 공유, 도약 (23. 6월~현재)
1. 연속 우수시설 선정, 성과상여금 평가 최고 등급 달성
2. 최상의 코스관리와 직원의 친절로 고객 만족도 증가
3. 엄격한 신상 필벌(포상, 징계 등)
4. 직원 상호 신뢰 증가로 업무 효율 향상
5. AI카트 도입 성공 ☞ 골프장 위상 격상
※ '팀장 지시가 곧 사장 지시!' 라고 인식

'팀장 중심 업무 수행 개혁추진' 과정은 문제의 중심에 얽혀있는 인간관계도 같이 해결해야 했기 때문에 많은 어려움이 있었다.

발생한 문제를 순차적으로 하나씩 또는 사안에 따라 같이 묶어 해결해 나갔다.

팀장 중심 업무 수행 개혁추진 과정에서 발생한 문제점은?

1. 팀장이 사장의 지시한 내용을 잘 못 이해하여 전달하는 경우 발생
2. 팀장 지시나 전달사항에 불응하거나 불신하여 사장에게 직접 찾아오는 경우 발생
3. 사장과 1:1 소통라인이 단절되자 소외되었다고 의기소침하는 직원 발생
4. 사장이 팀장들과 짜고 밀실 정치를 한다는 소문을 내는 직원 발생
5. 사장이 직원들의 의견을 듣지 않고 강압적, 고압적이라고 외부에 소문을 내는 직원 발생
   *노조위원장이 내게 찾아와 팀장과 노조지부장이 있는데도 불구하고 면전에서 "어디 사장 잘 하는지 두고 봅시다!"하고 직원과의 갈등이 최고조에 달했음
6. 사장 지시나 의견에 따지듯이 대들고, 부정적인 의견 제시
7. 노사회의간 의견이 관철되지 않을 경우 고성을 지르고 막무가내식 언행을 서슴치 않음
8. 사장이 새벽에 오물 수거하는 것이 '직원들 꼬투리 잡고 감시하기 위해서다.'라고 왜곡함
9. 회식 때 사장 앞에 앉아서 의도적으로 팀장 비하 발언과 고성을 지르며 분노 유발 등

    가장 먼저 두 팀장과의 소통을 강화하고 사장이 강조 및 지시한 업무에 대해 팀장에게 2중, 3중으로 반복확인하여 명확하게 이해시킨 후 직원들에게 잘못 전달되지 않도록 하였으며, 사장이 지시한 내용에 대해 팀장의 업무 지시를 믿지 못하고 사장을 직접 찾아온 직원들의 얘기를 듣지 않고 "팀장에게 지시했으니 팀장을 통해 확인하라"고 돌려보내는 것을 수 개월간 반복한 끝에 지휘 체계는 어느 정도 자리를 잡았다.

    직원들에게도 과거처럼 사장과 1:1 업무지시를 받지 않고 업무를 잘 수행한다면, 팀장이 직원들의 업무성과를 명확하게 보고하여 해당 직원들은 표창이나 포상도 받고 인정받을 수 있다는 공정성과 팀장에 대한 믿음을 갖게 하였다.

    마지막으로 자기 세력을 구축하거나 이를 이용하여 사장과 비정상

적인 거래를 하려는 직원들에게 타협하지 않고 단호하게 대처함으로써 회사를 위해 일하지 않고 개인의 사욕을 부리는 직원은 우리 회사에서 용인되지 않는다는 것을 각인시켜 결국 이들 또한 회사를 최우선으로 생각하는 참된 직원으로 변화시켰으며 궁극적으로 계획했던 현재와 같이 팀장이 업무에 배제되지 않고 골프장 경영의 중간 관리자로서 책임을 다 할 수 있는 조직체계를 구축할 수 있었다.

약 2년여에 걸친 조직 개편 작업은 때로는 너무 힘들어 현실과 타협하고 포기하고 싶었으나 팀장들과 직원들이 사장 의도에 잘 따라와 줘서 완성할 수 있었다. '회사는 조직이 일하는 곳이다.' 즉, 소수 직원의 개인기에 의해서가 아니라 전체 직원이 한마음 한 방향으로 일할 때 개인으로는 성취감이 있으며 회사는 성공적인 경영을 달성할 수 있다는 신념으로 추진한 결과 창공대 체력단련장에 부합된 조직체계를 구축하였다.

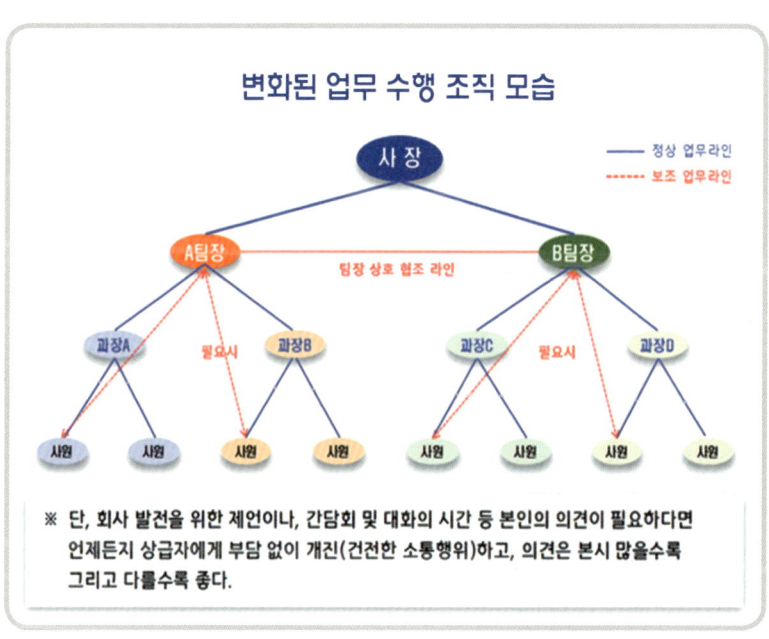

어느 골프장이든 직원은 비슷하다. 다만 사장만 바뀔 뿐이다. 결론은 사장의 결심과 의지가 매우 중요한 것 같다. 사장이 현실과 타협하여 바른길이 아닌 잘못된 길을 들어선 순간 직원들은 또다시 자신들의 이익을 위한 이기적인 행동을 할 것이며 그 결과 조직력은 와해될 것이기 때문이다.

2년 차 되는 해에 사령부에서 골프장 현장 지도 방문 시 총괄팀장은 "직원은 그대로 이고 오너 한 명만 바뀌었는데, 직원 관리부터 코스 관리 등 단기간에 이렇게 많이 바뀔 수가 있는가!"하며 감탄을 하면서 "사장이 어떤 마음 자세로 근무하느냐"가 정말 중요함을 실감했다며 극찬을 했었다.

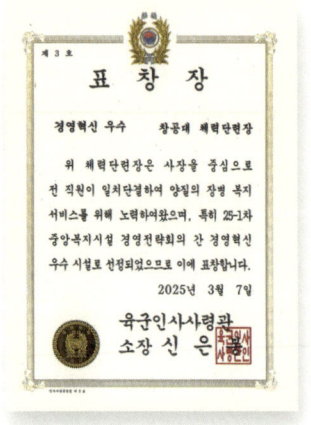

사장은 골프를 잘 치는 사람이 아니라, 골프장을 잘 운영하고 경영할 사람을 선발해야 한다!

맑고 상큼한 새벽 공기를 마시며…
"주님께서 주신 오늘 하루도 바르고 충실하며 기쁘게 살되, 저의 잘못된 판단과 결심으로 직원들이 힘들지 않게 해 주소서!"

매일 기도한 후 코스를 걸으며 시작하는 하루~~!

4. 공정하고 엄정한 신상필벌을 통한 근무의욕 고취

한 번의 잘못으로 낙인찍히거나, 한번 성공으로 평생의 공로로 인정하는 듯한 인사는 직장 분위기와 사기를 저해하는 잘못된 조치이다. 누구나 성공과 실패가 공존하는 직장생활을 하고 있다. 분명 자신들이 한 일이나 행동에 대해 공로와 과오에 대한 공정한 평가를 해야 하지만 현재의 성과가 영원하지 않다는 경각심과 현재의 과오를 자양분 삼아 다시 재기할 수 있는 기회도 주고 있다.

1) 사례별 다양한 우수근무자에 대한 표창 및 포상을 통해 직원들에 동기부여

회사 발전을 위해 아이디어를 제공하고 특별한 공적이 발생한 직원, 평소 직장생활이 모범적이어서 다른 직원들에게 귀감이 되는 직원, 회사를 위해 뛰어난 애사심, 충성심, 희생정신, 동료애를 발휘한 직원에 대해 공적과 노고를 치하하고 표창하여 더욱더 분발하도록 하고 표창을 받지 못한 직원에게는 동기부여가 될 수 있도록 하였다.

Case 1 회사 발전을 위한 아이디어 제공, 특별한 성과나 공적 달성
- AI카트 도입 및 운영 기여 공로 표창

AI카트를 도입하여 운용시스템을 구축하는 과정에서 제한된 인력과 부족한 예산으로 AI카트 운영을 위해 카트보관소 신설, 카트 진·출입로 분리 및 이동로 개선, 주차장 정비와 안전사고 예방, AI카트 정비 및 운용시스템 구축 등을 병행한다는 것은 직원들의 희생과 적극적인 참여가 필요하였다. 이러한 과정에서 많은 직원들이 골프장의 미래를 위해 창의적인 아이디어를 제공하고 자발적으로 동참한 결과 계획보다 조기에 AI카트 운영을 안정화하고 정착시킬 수 있었다. 이러한 AI카트 도입 및 운영에 크게 기여한 공로직원 8명을 선발하여 인사사령관과 사장 표창을 수여하고 격려하여 우수사례로 전파하였다.

- 대형 씽크홀 자체 보수공사로 예산 절감 공로 표창

최초 개장 시부터 마무리가 부실하게 시공하여 매년 씽크홀이 발생하였으나 코스팀 직원 스스로 씽크홀을 자체 보수공사를 하여 고객들에게 최상의 코스를 제공함은 물론 예산도 절감한 직원에게 사령관 표창(1명)과 사장 표창(2명)을 수여하고 포상 휴가를 지급하여 격려하였다.

- 클럽하우스 진·출입로 분리 공사 아이디어 제공 및 추진 공로 표창

클럽하우스 앞에 입장 고객과 퇴장 고객의 교차로 인한 혼잡 발생으로 고객의 불편함을 우려하던 직원이 진·출입로 분리를 위한 출구 이동로 신설을 건의하여 승인하였고, 해당 직원을 포함 경영팀 직원들이 공사를 완벽하게 마무리하여 고객들의 편의를 크게 증진시켰다. 이에 해당 직원에게 사장 표창을 수여하고 포상 휴가를 지급하여 격려하였으며, 이후 직원들이 눈치보거나 망설임 없이 무엇이든 회사 발전을 위해 좋은 아이디어를 적극 제공하는 분위기가 조성되었다.

Case 2 회사를 위한 애사심, 충성심, 희생정신, 서비스 정신 등이 뛰어난 사례를 발굴하고 표창하여 다른 직원들에게 동기 부여

- 비상 상황시 투철한 책임감과 상황판단으로 예약접수 100% 달성 사례

주말 새벽(24:00경) 북한의 미사일 도발로 갑자기 현역 운동 경기가 취소되어 많은 공티가 발생하였을 때, 관련 직원들 3명이 전파받은 동

시에 이른 새벽에 출근하여 사명감과 책임감을 갖고 적극적으로 업무를 수행한 결과 체력단련장 중에서 유일하게 공티를 모두 채웠으며, 적극적으로 업무를 완벽하게 수행한 직원들에게 사령관 표창(1명)과 사장 표창(2명), 개인 포상금 및 포상 휴가를 주었으며, 이번 일을 통해 '우리도 잘 할수 있다!'는 잠재력과 자신감을 직원들이 직접 느끼게 하는 계기가 되었다.

- 악기상에도 투철한 책임감으로 최상의 코스 상태 유지 사례

23년도와 24년도 최악의 혹서기 폭염에 전국 모든 골프장이 그린 및 페어웨이 잔디 관리에 어려움을 겪었지만 우리 골프장은 코스팀 직원들이 책임의식을 갖고 밤·낮 정성어린 관리로 우수하게 관리하여 고객들이 매우 만족하였고, 많은 칭찬을 하는 등 창공대 체력단련장의 위상을 높인 주요 공로 직원들에게 사장 표창(2명)과 포상을 하여 더욱 열심히 책임의식을 갖고 일할 수 있도록 근무 의욕을 고취시켰다.

- 투철한 사명감으로 고객 감동 서비스를 실현한 사례

프런트와 락커룸은 대부분의 골프장에서 친절하기 때문에 고객들의 칭찬을 받기 쉽지 않다. 그럼에도 불구하고 우리 직원들의 진정성 있는 서비스는 고객의 가슴 깊은 곳에서 감동을 받게 하였으며, 이에 고객들은 칭찬 게시판, 의견수렴함은 물론 사장에게 직접 칭찬을 하는 등 골프장의 품격을 올리는데 기여하였으며, 사장으로서도 매우 뿌듯한 일이었다. 해당 직원들에게 표창과 포상을 하여 위로하였고, 이러한 모범적인 사례를 모든 직원의 귀감으로 삼을 수 있도록 하였다.

Case 3 특별한 성과나 공적은 없어도 타의 모범이 되는 직원을 표창하여 직원들의 성실한 근무자세 유도

일한 결과가 겉으로 드러나는 큰 규모의 업무를 추진하는 직원이나 고객으로부터 직접 칭찬을 받는 대면직 직원들과는 달리 근무성적 및 태도가 우수하고 성실함에도 불구하고 겉으로 평가할 수 있는 공적을 세울 기회가 주어지지 않아 표창이나 포상으로부터 멀어지는 직원들이 있다. 이러한 직원들은 투철한 책임감으로 열심히 일하며 회사에 대한 공로가 적지 않음에도 불구하고 표창이나 포상을 받을 기회가 적고, 이러한 보직에 오랫동안 근무하다 보니 사기가 많이 떨어져 있다. 이러한 직원들에 대한 관리는 관리자로서 결코 묵과해서는 안 될 중요한 책무이다.

- 다른 직원들이 비선호하는 보직에서 성실하게 업무 수행한 사례

예약 담당과 회계 담당, 프런트 직원의 육아휴직(4명)과 퇴사(1명)로 갑작스럽게 공석이 발생하여 회사에 막대한 지장을 초래하였으나, 몇 번의 면담과 설득을 하여 흔쾌히 어려운 보직을 맡아 묵묵하게 임무를 잘 수행한 직원에게 격려하기 위해 표창하고 포상함으로써 누구나 어떤 보직이 주어지든지 업무를 할 수 있다는 자신감을 부여하는 좋은 계기가 되었다.

- 성실하고 동료 직원들에 대한 희생과 봉사정신이 투철한 사례

평소 맡은 바 책무에 성실하며 타 직원업무도 적극적으로 도와주고 대인 관계가 원만한 직원 중에서 모범사원을 선발하여 제주도 견학, 근로자의날, 개장기념일, 연말 등에 우수 모범사원으로 선발하여 표창함으로써 직원들이 올바른 가치관을 가지고 직장생활을 할

수 있도록 하였다.

2) 근무태도가 불성실하고 직장 내 기강을 와해시키는 직원은 단호하게 대처

회사란 주어진 목표를 향해 같은 방향으로 나아가는 사람들이 모여 있는 집단이다. 그런데 여기에 목표를 향해 앞장서 나가지는 못할망정 앞장서 가는 직원을 방해하는 직원, 뒷걸음질 치는 직원, 반대를 위한 반대를 하는 직원, 의도적으로 반대 방향으로 향하는 직원들이 항상 있기 마련이다. 물론 이러한 직원들을 바로 잡아 올바른 방향으로 나가도록 하는 것이 사장의 역할이다.

하지만 이러한 노력에도 불구하고 자신의 이익만 추구하고 회사나 동료가 업무수행하는 과정 중에 계속 방해되는 행동을 반복하는 직원은 회사의 엄정한 기강 확립을 위해 특단의 조치가 이뤄져야, 나머지 열심히 하는 직원들이 공평하게 생각하고 불만 없이 각자의 일에 열중할 수 있을 것이다.

Case 1 고의적 태업으로 동료 직원들의 사기를 저하시킨 경우

프런트 담당 기간제 A 직원은 수습 기간이 끝나고 정식 직원으로 계약체결과 동시에 태업과 지각을 일삼았으며 특히 프런트 조기 출근 근무 시 상습적으로 무단 지각을 하는 등 프런트 내장 업무를 마비시켜 영업에 막대한 지장을 초래하여 구두주의, 벌점, 경고장을 주는 등 개선의 여지를 여러 번 주었으나, 계속 지각하고 노골적인 태업을 일삼아 같이 일하는 직원들이 극심한 스트레스를 호소하여 직원들로 구성된 징계 심의위원회 의결 결과를 승인하여 해고처리하였다.

Case 2 고객과 동료직원을 대상으로 폭언, 폭력을 행사한 경우

코스담당 정규직 직원 A는 입사 이후 최초 경기과에 근무할 때부터 잦은 지각으로 영업에 막대한 지장을 초래하였으며, ① 고객을 대하는 태도가 불량하고 분노를 조절하지 못해 냉장고 등 기물을 파손하는 행위를 하여 여러 번 주의를 받았으나 개선의 여지가 보이지 않아 ② 코스팀으로 보직을 조정하였으나 코스팀에서도 상습적인 지각으로 직원들이 아침에 부모에게 전화해서 출근시키는 일이 다반사였으며 경고장을 받았음에도 개선되지 않았음. ③ 특히, 업무 중에도 고객에게 심한 욕설과 폭력적인 언행으로 고객에게 공포감을 주어 고객들로부터 중 징계를 주어야 한다는 민원이 제기되어 징계 심의를 한 결과 해고로 의결되었으나, 개선의 여지를 주고자 감봉으로 경감하여 다시 한번 기회를 주었음.

그러나 징계 기간임에도 불구하고 전혀 변화하지 않고 반복적으로 ④ 또 지각하는 행위가 발생하였으나 마지막이라는 생각으로 다시 한번 더 기회를 주기 위해 경고장을 수여하였음. 그러나 여러 차례 '주의'와 '경고장 2회' '감봉'을 받았음에도 전혀 개선되지 않고 ⑤ 최근에 또 지각을 3회에 걸쳐 반복하고 반성의 여지도 없어 직장 동료들도 엄청난 스트레스로 참을 수가 없어 분노를 표출하는 등 2차 사고 위험성이 농후하였으며, 징계 심의 의결 결과 해고 처리가 나왔으나 본인 스스로 사직서를 제출 퇴사하였음.

Case 3 불성실한 근무자세와 외부에 직원 험담을 한 경우

○○○직원은 근무부서의 시설 및 고객 관리, 안전관리 등의 업무를 성실히 수행하여야 하나 일부 고객이 여성 고객 앞에서 상의 탈의하

는 행위를 방관하여 고객들로부터 항의를 받았고, 여성 고객들이 타석 앞에 나가 공을 줍는 행위를 포함 위험한 행동을 반복하여도 제지하지 않아 고객들로부터 민원이 발생하였고, 정규 근무시간 중에 고객이 없다고 임의로 퇴근하고, 직장 밖에서 회사 동료를 험담하고, 고객과 다툼으로 민원이 제기되는 등 회사에 막대한 피해를 주는 것은 물론 명예를 심대하게 실추시켜 징계를 하여야 하나 본인이 잘못을 인정하였고 크게 반성하고 있는바 제발 방지 다짐을 하고 현재는 성실하게 근무를 잘하고 있음.

Case 4 동료 직원에게 폭력을 행사한 직원

A 직원은 같은 부서에서 근무하는 신입 직원 B에게 직무 교육 과정에서 잦은 마찰이 발생하였고 이 과정에서 신입 직원과 말다툼 중 폭력을 행사하여 피해자가 신고하여 경찰이 출동하여 조사하는 사고가 발생하여 고객들로부터 불쾌감을 주는 등 회사 이미지를 크게 손상하였음.

비록 신입 직원의 반발로 생긴 폭력 사건이라고는 하나 직장 내 폭력을 행사하는 행위는 바람직하지 못하여 철저히 조사하여 엄중히 조치하려 하였으나 평소 성실하고 책임감 있게 근무하였으며 피해직원에게 사과하고 피해직원의 용서가 있어 원만하게 잘 해결되어 엄중 경고 차원에서 경고장을 주고 2년간 처벌을 유예하였으며 현재는 주변 동료들과의 관계가 원만하며 본인에게 주어진 업무를 성실하게 잘 수행하고 있음.

Case 5 업무수행 규정 및 절차 미준수로 회사에 금전적 손실을 초래한 직원

구매 담당 A와 물품 인수 담당 남 락커룸 직원 B는 락커 관리에 필요한 물자 반입 시 수행해야 할 확인 업무를 소홀히 하여 요청한 물품보다 고객이 사용하기에 적절하지 않은 현저히 낮은 품질의 물품을 반입하는 사건이 발생하였고, 6개월이 경과 후에 발견하여 반품이 안 되고 사용할 수도 없는 등 회사에 금전적 손해와 회사 이미지도 많이 실추시켰다. 당사자들도 심각성을 인지한 나머지 상기 사항을 숨기고 긴급히 수습하고자 차기 구매 계획을 예정보다 빠르게 조정 건의하였으나, 검토 과정에서 이를 발견하여 철저히 조사한 후 해당 담당자들에게 전액 실물 변상과 엄중하게 경고하여 동류의 일이 재발하지 않도록 직원들에게 경각심을 갖게 하였다.

Case 6 업무소홀 및 승진에 대한 불만 표출

A직원은 혼자 스스로 사장에게 찍혔다고 판단하고 1년이 넘도록 사장을 피하고, 인사도 하지 않고, 업무도 소홀히 하고, 불평불만하고, 회사 노조 지부장으로서 노사 화합을 주도해야 할 직원이 오히려 직원들에게 이상한 분위기를 조성하며 파벌을 조성하는 등 근무태도가 불성실하였다.

그러나 사장과 면담 후 본인 스스로 찍혔다고 생각한 것을 후회하고 자신의 잘못된 행위를 반성하며 열심히 근무하였다.

그러나 이듬해 승진 공석이 나오지 않아 격려하기 위해 팀장과 함께 대화하던 중 승진을 못한 것에 대해 부적절한 언행과 강한 불만을 표출하였다. 비록 짧은 기간 사장이 신뢰를 주었으나 그것이 승진을 할 수 있는 충분조건이 아니었음에도 불구하고 자신이 당연히 진급할 것이라고 생각한 것이었다.

'단기간(1~2년) 잘 한다고 승진한다면 평소에 직원 중 어느 누가 열심히 일하겠는가?'

앞으로 공개심의를 통한 투명한 승진심사로 단기간의 성과나 상급자에게 잘 보이는 직원보다 오랜 기간동안 꾸준히 회사발전을 위해 노력한 직원이 승진하도록 하였다.

Case 7 남 탓, 핑계, 부정적인 생각, 지시사항 반복 미실천 등 부정적인 직원

A직원은 관리자로서 22. 8. 1 보직 받은 이후 업무수행 시 사장의 지시사항을 계속해서 반복하여 의도적이든 의도적이지 않든 깔아뭉개든지 아니면 소홀히 하여 골프장 경영에 차질을 빚는 행위를 여러 번 반복하여 자행해 왔음.

관리자로서 직원들을 통제하고 이끌어 가야 하나 지시사항이 단절되고 이행하지 않아 상대방을 분노하게 만듦.

특히, 중간 관리자가 임무를 소홀히 하여 사장이 반복해서 확인하고 지시하다 보니 업무에 대한 믿음과 신뢰가 없어 업무지시를 해도 이번에는 정말로 업무를 할까 또 깔아뭉개는 것은 아닌가 하는 불안감과 의구심 등 부정적인 생각을 들게 함.

동일내용을 여러 번 반복 지시를 하게 되고 말도 많아지고 사장 역시 힘들고 짜증이 엄청나고 업무지시를 하였는데도 불구하고 담당 직원에게 지시하지 않아 담당 직원은 아무것도 모른 채 업무를 소홀히 하는 직원으로 사장에게 오해받게 만드는 행위를 자주 함.

사장이 지시하면 노트 등을 활용 메모를 하라고 하여도 하지도 않고 알았다고 대답만 하고 사장이 직접 적어서 업무지시를 하여도 반복하여 업무를 하지 않아 어떻게 조치할까 심각한 고민을 하게 만듦.

혹시나 지시사항을 잊었거나 이해가 안되면 사장에게 재차 물어보라고 수도 없이 여러 번 강조하고 타일러도 보았지만 변명하기에 급급하고 이행하려는 자세가 보이지 않는 듯한 느낌을 받았음.

때론 남 탓, 핑계, 직원들 이간질 등 말로 표현할 수 없는 행위들도 하였지만, 사장으로서 내 탓이라 생각하며 포기하지 않고 개선하여 끝까지 함께 가기 위해 수없이 많은 반복교육과 업무지시 후 반드시 확인하고 또 확인(...), 매끼 점심을 동석하여 식사하면서 대화하고, 집으로 초대하여 진솔한 대화, 경고장 수여, 각서작성 등 다양한 방법으로 노력한 결과 "지성이면 감천"이라는 말과 같이 지금은 업무수행 능력도 뛰어나고 회사의 중역으로서 제 역할을 다하는 매우 우수한 직원으로 환골탈태(煥骨奪胎)하였음.

5. 업장별, 개인별, 성향별 업무수행 능력 고려 보직 조정

"인간은 누구나가 편하고 쉬운 그리고 인정받을 수 있는 보직을 선호한다."

인사 사령부 취업규칙 제53조에 근로자의 보직 기간은 2년을 원칙으로 한다. 다만, 인사위원회의 의결로 보직 기간에 상관없이 순환보직을 명하거나 보직 기간을 연장할 수 있다고 규정되어 있으나, 보직 희망서를 받으면 선호 보직에 집중되고 있으며 현재 선호 보직에 근무하는 직원은 장기간 근무하기를 원하고 있고 비선호 보직은 2년 되면 교체를 원하는 직원이 있어서 보직 이동 시에는 상당히 힘들고 조심스럽다.

특히, 원하지 않은 보직으로 이동 시 이직을 하는 등 회사로서는 큰 타격이다. 순환보직의 장점은 업무의 활성화와 타 직원의 업무 고충도 이해하고 협조도 잘할 수 있는 장점도 있지만 원하지 않는 보직 이동 시 이직을 한다든지, 불만도 많고, 직접 같이 근무하기 전에는 친한 인간관계였지만 장기간 함께 근무하다 보면 서로 단점도 보이고 실망감으로 다툼도 있고, 새 보직에 대한 업무미숙으로 경영에 힘든 단점들이 내재 되어 있어 7~8년 동안 보직 이동이 없었던 실정이다.

그러다 보니 매너리즘에 빠져 있고 타성에 젖어 있는 부분들, 처음에는 보직 이동에 대해 대다수 부정적이었으나 과감하게 보직 조정을 통하여 조직원이 역량을 100% 이상 발휘할 수 있도록 재능과 특기 등 장·단점을 고려하여 적재적소에 적절한 보직과 책임을 부여하고 격려하여 스스로 동기부여를 할 수 있도록 했다. 서로 공통점이 없고 다툼이 있어 보이는 직원 등을 함께 동일 직종에 보직을 주고 배려와 인정, 인내심으로 기다려준 결과 직원 상호 소통하면서 각자 개인의 능력을 발휘하는 놀라운 성과도 있었다.

특히 전문직이라고 했던 경영팀의 예약업무, 구매업무, 예산 및 회계업무와 코스팀의 잔디관리와 급수, 조경 등 보직에 파격적으로 경영팀과 코스팀 직원 상호 보직을 교차하여 조정할 때 사장으로서 모험이면서 걱정도 되었지만 총 8차례(90% 보직이동)의 보직 조정을 과감히 단행한 결과 처음에는 개인별 업무수행에 어려움도 많았지만 1년이 지난 지금은 업무도 활성화되고 타 직원에 대한 업무도 이해하고 새로운 업무에 대한 창의적인 아이디어도 제공하며 또한 추후 보직 이동 시 선호 보직으로 이동할 수 있다는 희망 등 단점보다는 장점이 훨씬 많고 효율적이었다.

말단 직원부터 사장까지 한마음 한뜻으로 동시에 회사가 가는 방향으로 최선을 다하고 있는 모습, 직원들도 이제는 사장에 대한 신뢰와 믿음으로 무엇이든 임무를 부여하면 100% 달성하려는 의지가 충만하다.

1) 보직 조정을 통한 조직 구성원 재편성으로 조직력 강화

Case 1 조직력 강화를 위한 보직조정

부임 후 회사의 직원들 근무 실태를 종합적으로 진단해 본 결과, A 팀장이 제대로 업무를 수행하지 못해 권위는 땅에 떨어져 직원들 장악은커녕 오히려 끌려다니고 있고, 직원들 면담 결과 "팀장이 코스에 대해 알지도 못하면서 업무를 방해하니 현장에 나타나지 않았으면 좋겠다."라며, 입에 담지 못할 험담을 하는 등 위계질서도 없고 팀장에 대한 불신이 팽배했었다.

직원들 또한 각자 서로를 비난하고 반목하는 분위기로 안정적인 코스 관리를 위해 혁신적인 구조조정이 필요하였으나 그 당시 팀장이 정년이 몇 개월 남지 않아 사장의 개혁 의지 실천의 중심적인 역할을 수행 하기에는 부적합했다.

그러나 A 팀장의 정년이 얼마 남지 않았으나 팀장을 포함 3명의 인원을 조기에 교체하고 1명을 승진시킨 결과 현재는 최고의 코스 관리 원~팀이 되어 고객들의 칭찬 및 타 시설의 부러움을 받는 단결력 있고 탄탄한 조직이 완성되었다.

▶ 1단계 팀장 교체를 통한 리더십 회복

코스팀의 조직 쇄신을 위해 가장 시급한 것은 코스팀의 리더인 팀장의 리더십 회복이었다. 임기가 얼마 남지 않은 팀장 대신 업무수행 능력이 우수한 새로운 팀장을 임명하여 조직 재편의 중심에서 리더십을 발휘하고 조직력을 강화하였다.

▶ 2단계 팀장의 리더십 발휘를 보좌할 코스과장(6급으로 승진)을 임명

팀장이 리더십을 발휘하는데 있어 안정적인 코스관리 업무수행은 필수이다. 코스관리에 필요한 전문지식과 책임감, 경험을 충분히 갖춘 그린담당을 6급 코스과장으로 승진시켜 팀장이 조직을 장악하고 리더십을 발휘하는데 집중할 수 있도록 하였다. 팀장과 과장이 서로 유기적으로 소통하면서 조직을 장악하였고, 일사불란한 업무체계를 이룬 결과 직원간 마찰은 줄었고 유대감은 높아져 코스팀이 점진적으로 원~팀이 되어갔으며 코스, 시설 및 장비관리 등 업무를 효율적으로 잘하고 있다.

▶ 3단계 팀내 위계질서 확립을 위한 보직조정

당시 코스팀은 7명 중 6명이 동일 직급으로 팀장을 제외한 나머지 전원이 7급으로 구성된 수평적인 조직이었다. 지나치게 7급이 과밀되어 팀장의 통제력이 약했고 위계질서 또한 없었으며 서로 의견 대립으로 반목하는 일이 자주 발생하는 등 소통과 업무추진에 어려움이 많았다. 반면 경영팀은 8급 직원 3명이 7급 직위가 수행해야 할 보직을 장기간 맡고 있어 직원들의 불만이 높아 업무수행에 어려움을 겪고 있었다.

이를 개선하기 위해 코스 팀에 과밀 되어 있는 7급 중 일부 직원을 경영팀의 8급 직원과 상호 보직을 교환하여 직급의 조화를 이루도록 할 필요가 있었다.

또한 보직조정 검토 시 직원 개개인의 직무능력과 발전 가능성, 개인의 성향, 대인 관계 등을 종합적으로 고려함과 동시에 새로 임명된

코스팀장이 조직을 잘 관리할 수 있는 조직원 구성에 역점을 두고 판단하였다.

그 결과 코스팀과 경영팀 모두 조직력과 업무효율성이 크게 향상되어 두 부서 모두 윈-윈하게 되었다.

Case 2 부서 특성에 최적화된 조직 구성을 위한 보직 조정

경기과는 온종일 골프장의 최전선에서 고객들과 부딪치며 업무를 하다 보니 직원들이 업무수행 간 고객으로부터 받는 스트레스를 잘 조절해야 하나 경기 진행 문제로 고객과 자주 다투었다.

때로는 고객과의 다툼 이후 화를 억제하지 못해 동료 직원에게 욕을 하고 회사 기물을 파손하는 일도 종종 발생하였으며 일부 고객에게는 부킹 패널티로 갑질을 일삼기도 하였다.

또한 경기진행에 대한 스트레스를 이유로 티 편성이 너무 많다고 불만을 자주 표출하고 보직 조정을 요구하는 등 고객에 대한 서비스와 업무를 인질 삼아 관리자에게 역으로 갑질하였다. 장기간 관행처럼 행해져 온 이러한 문제는 직무교육 및 설득만으로는 해결이 어려운 상태였으며 이를 해결하기 위해 경기과장을 포함하여 인적 쇄신이 필요하다고 판단하였으며, 타부서 보직조정과 연계하여 대대적인 보직 조정을 하였다.

▶ 1단계 경기과장에 리더십과 포용력을 겸비한 직원을 임명

당시 A과장은 직원들과 불협화음이 잦고 티 편성에 불만이 많았으며, 특히 고객들에게 고압적인 태도를 보여 고객들로부터 민원이 많이 들어오고 있어 보직 조정이 필요했다. 반면 B과장은 다른 업장에서

고객에게 친절하고 업무수행 자세도 우수하며 솔선수범하여 직원수가 많은 경기과에 적합하다고 판단되어 경기과장으로 임명하였으며, A과장은 이용고객과 직원이 적은 부서에 임명하여 여유를 갖고 근무할 수 있도록 하였다.

▶ 2단계 경기과장을 보좌할 중간급 관리자 임명

정년 또는 육아휴직 등으로 경기과 직원 대부분이 신입직원으로 경기과장 혼자 직원 관리 및 교육에 어려움이 많았다. 따라서 경기과장을 보좌하며 신입직원들과 중간 다리 역할을 할 수 있는 7급 직원을 코스팀 조직 개편과 연계하여 보직조정 하여 경기과장 부재시 업무공백을 최소화 하였다.

▶ 3단계 적성에 맞지 않거나 대면업무에 부적합한 직원 조정

경기과 직원 중 고객에게 불손한 언행을 자주 하며, 고객과의 마찰로 화를 참지 못해 직장 선·후배가 있는대도 욕을 하거나 폭력을 행사하여 기물을 파손하는 직원으로 인해 고객 민원은 물론 함께 근무하는 직원들의 불쾌감이 높았다.

민원 사례를 포함 친절교육을 수회에 걸쳐 교육도 하고 강조도 했지만 개선의 기미가 보이지 않았고 경기과 직원들도 해당 직원을 피하거나 외면하기 급급했으며 당장 조치하지 않으면 큰 문제가 발생할 것으로 판단되어 비대면업무 보직으로 조정하여 일차적으로 그동안 문제되었던 고객 민원을 해결함은 물론 경기과 분위기 쇄신으로 직원 간 관계가 크게 개선되었으며, 그결과 고객에 대한 서비스 품질이 크게 향상되었다

Case 3 출산휴가 및 육아휴직에 따른 주요 보직 공석 발생과 보직 조정

여성 직원(2명)의 출산 및 육아휴직과 남성 직원(2명)의 육아휴직 등으로 예약 담당, 회계 담당, 경기진행담당, 연습장담당 등 주요 보직에 대한 공석이 거의 동시에 발생하였고, 이러한 주요 직위는 기간제 근무자를 채용하여 단기간에 업무 대체가 불가능하였다.

특히, 9홀 특성상 편제 인원이 적어 주요 핵심 보직이라고 하더라도 1명만 보직되어, 공석이 발생하면 회사 경영에 많은 영향을 미치므로 회사를 경영하는 사장은 보직 조정을 검토할 수밖에 없었다.

▶ 사례 1. 예약담당 출산휴가 3개월 전 보직 조정

골프장에서 가장 중요한 보직 중 하나인 예약담당 직원이 출산으로 휴직을 신청하였다. 예약담당은 일정 수준의 골프장 근무 경력과 지식이 필요한 보직으로 단순하게 대체근무자 채용으로 대체할 수 없었다. 따라서 평소 예약담당 부재시 업무를 보조했던 프런트 담당 직원을 수 차례 면담하고 설득하여 출산휴가 3개월 전 보직 조정을 마칠 수 있었으며, 3개월간 기본적인 예약업무를 습득할 수 있었다.

▶ 사례 2. 회계 담당 육아휴직 연장으로 긴급 보직 조정

골프장 행정의 핵심 보직 중 하나인 회계담당의 임신과 출산 소식은 어떻게 대처해야 할지 고민을 많이 하게 되는 사안 중 하나였다. 보직 조정을 검토했지만 현 체제를 유지하면서 보직 조정 할 대상을 찾을 수 없어 부득이 신규채용을 해야만 했다. 그러나 신규 채용한 직원이 1년 정도 회계업무 공백을 잘 메워줬으나 개인적인 사유로 사직하게 되었다.

前회계담당 직원이 육아휴직으로부터 복직하면 다시 회계업무를 맡아줄 것을 기대하였지만, 前회계담당은 복직하자마자 육아의 어려움을 호소하며 갑자기 육아휴직 1년 연장을 신청하여 회계업무 공백이 발생할 수밖에 없는 상황이 되었다.

총무과장까지 공석인 상황에서 팀장이 회계업무까지 수행하겠다고는 하였지만 팀장의 업무가 지나치게 과중하다는 판단으로 회계업무에 적성을 보이던 구매담당을 회계담당으로 긴급 보직조정하고, 시설담당이 총무과장 대리업무를 수행하게 하였으며, 구매담당은 경기과 직원 중 성실히 근무하는 직원을 보직조정하여 업무를 부여하였고 경기과 직원을 신규채용하여 보충하는 등 경영팀이 일대 혼란을 겪었다.

물론 이러한 과정에서 처음에는 많은 어려움이 있었으나 보직 조정 후 많은 교육과 격려 그리고 기다린 결과 지금은 해당 직원들은 변경된 보직에 더욱 만족해하고 능동적으로 노력하였으며 총무과의 업무 생산성과 조직력이 크게 향상되었다.

Case 4 노사협의회와 심의위원회를 통한 공정한 보직 조정

육군 체력단련장 취업규칙 제36조 복직의 규정에 의하면 사용자는 복직자를 휴직 전 원직으로 복귀를 원칙으로 한다.

다만, 제반 여건상 원직 복귀가 어려울 경우 해당 조합원의 의견을 수렴하여 동등한 수준의 유사 업무로 복직 조치한다. 라고 규정이 명시되어 있다.

창공대 체력단련장은 9홀 골프장으로 직원이 적고 보직별로 1~2명으로 편성되어 있어 육아휴직 후 복직한 직원에게 휴직 전 원보직으로 다시 부여하는 것은 운영상 어려움이 많다. 그 보직이 회계 담당, 예약 담당, 장비 담당 등 전문성을 요구하는 주요 보직일 경우 원 보직을 보장하는 데는 어려움이 많다.

특히 여성의 경우 보직이 제한되어 더욱 어려움에 직면하게 된다. 이를 해결하기 위해 근로자 측과 노사협의회 및 보직심의 위원회의 의견 합치를 통한 공정한 보직을 판단하여 부여하였다.

▶ 1단계 육아휴직 연장사용 직원의 원 보직 요구와 현 보직자의 충돌 발생

회계담당으로 복직 예정이었던 복직대상자의 갑작스런 육아휴직 1년 연장신청과 신규채용 회계담당의 사직으로 부득이하게 회계담당을 내부 보직조정으로 긴급보충하였다. 회계담당 신규 보직자가 9개월여간 어렵게 적응하며 업무를 수행하던 중 前회계담당이 복직하면서 자신의 원 보직인 회계업무를 강하게 요구하는 일이 발생하였다.

前회계담당 복직자가 워낙 강하게 원보직 보장을 요구하였고, 긴급히 보충한 現회계담당도 현 보직을 완강히 고수하고 있어 난감한 상황이었으나 직원간 원만한 관계유지를 위해 노사협의회를 통하여 해결하도록 하였다.

▶ 2단계 노사협의회를 통한 공정한 유사보직 판단

노사협의회를 통해 現골프장 특성상 복직자의 원보직을 100% 보장할 수 없음을 근로자측과 공유하고, 원보직 보장이 불가능 할 경우 허용 가능한 유사보직은 어떠한 것이 있는지 협의하여 합리적으로 결정하였다.

협의 결과 골프장 경영팀에 종사하는 사무직 여성근로자의 유사보직은 총무과내 숲보직, 프런트, 여자락카로 보는 것이 합리적이라는 판단이었다. 대법원 판례(2022.6.30)에도 육아휴직 전에 수행하던 유사한 수준의 업무를 부여 받았는지 여부와 육아휴직 전에 받던 임금과 동일한 수준의 임금을 받을 경우 그로 인해 근로자에게 생활상 불이익이 없으며, 협의절차도 거쳤기 때문에 정당하다는 판단을 내린 바 있다.

▶ 3단계 보직심의를 통해 복직자들에게 공정한 보직 부여

우연인지는 몰라도 한 명의 여직원은 둘째 출산으로 육아휴직을, 다른 한 명은 갑자기 육아휴직을 1년 연기하게 되면서 시간차는 다소 있지만 동시에 2명이 육아휴직에서 복직하게 되었다. 먼저 복직하는 A여 직원은 원 보직인 회계업무로의 복직이 어렵게 되자, 다른 B여 직원의 원보직인 프런트 근무를 추가 요구하게 되었으며, 이렇게 되면 나중에 복직하는 B여 직원은 특별한 사유 없이 원 보직에 보직을 줄 수 없는 상황이었다. 결국 이 문제를 직원들 스스로 보직심의 위원회를 통해 합리적으로 해결하였고 A여 직원도 결국 받아들일 수밖에 없었다.

Case 5 조직을 분열시키는 개인주의적, 부정적 성향의 직원에 대한 보직 판단

거의 혼자 근무하는 직무에 근무하는 직원 중 능동적으로 일을 해결하지 못하고 업무수행 능력이 부족할 경우 회사 운영에 막대한 지장을 초래하므로 해당 직원을 인원이 많은 부서로 이동히여 피동적이더라도 조직과 함께 일할 수 있도록 보직 조정하고, 반대로 다수의 직원으로 구성된 부서에서 조직을 와해하는 행위를 하는 직원은 혼자 또는 소수로 일하는 직무로의 보직을 조정하였다.

▶ 사례 1. 혼자 일하는 부서에서 다수가 일하는 부서로 이동

주로 혼자 근무하는 락커, 연습장 담당은 특성상 본인 스스로 누가 보지 않더라도 능동적이며 적극적으로 업무를 수행해야 한다. 그러나 이러한 보직에 근무 의욕이 없고 피동적인 직원이나 사람이 모여있는 곳을 좋아하여 근무 중에 타 부서에 방문해서 잡담하는 등 일탈을 일삼는 직원이 근무할 경우 정상적인 업무수행이 어려울 것이고 이러한 것들은 결국 고객의 불편으로 이어지게 된다. 따라서 이러한 직원들은 근무 시간 내내 여러 사람이 유기적으로 활동하며 상호 견제하는 부서로 이동하는 것이 바람직하다고 판단하여 상시 관리자의 명확한 통제하에 일하게 되므로 일탈할 시간 없이 일에 집중할 수밖에 없게 되어 근무 효율을 극대화 할 수 있었다.

▶ 사례 2. 다수가 일하는 부서에서 혼자 일하는 부서로 이동

많은 인원이 근무하는 부서는 조직의 특성상 직원 상호 간에 긴밀한 협조와 소통이 필요한 부서이다. 그러나 본인이 상관인 것처럼 시시콜콜 동료 및 업무에 대해 간섭하고 불평하며 이간질하는 직원이 있다면 그 조직의 업무 능력은 반감될 것이다.

이러한 직원을 해당 조직으로부터 분리해야만 그 조직은 제 역할을 할 수 있다고 판단하여 문제가 되는 직원을 거의 혼자 근무하는 연습장이나 락카룸으로 보직을 조정하여 업무를 수행토록 하였고 동시에 수시로 확인 감독하는 시스템을 구축하여 본인의 일에만 오로지 집중하고 남의 일에 간섭하거나 참견하지 않도록 하였다.

결론적으로 직원들의 보직 조정은 편하냐? 힘드냐의 차원이 아닌 전 직원들 모두 업무에 소홀함이 없도록 적재적소에 보직을 주고 근무를 잘할 수 있는 분위기를 조성하는 것은 오로지 사장의 역할이다.

따라서 직원들 보직 조정은 사장으로서는 모험이고 매우 중요한 행사다. 그러다 보니 보직 조정은 직원 모두 최고의 관심사임은 부정할 수 없는 사실이다. 솔직히 필자도 현역 시절에 보직 조정에 대한 불만이 있었던 것은 부정할 수가 없다.

직원들이 반복되는 업무와 장기 보직으로 인한 매너리즘에 빠지지 않도록 전 직원 8회에 걸쳐 90% 보직을 교체하였고, 보직 조정이라는 변화를 통하여 타 직원이 수행했던 애로사항을 알 수 있는 좋은 계기가 되었다.

특히 동계 폭설과 폭우, 폭염, 기상이변으로 발생한 많은 작업과 페어웨이 디보트 작업 등 골프장 경영에 요구되는 소소한 일들도 솔선하여 참여하는 모습과 직장 내 분위기도 좋아졌고, 업무 능률도 오르고, 직원 상호 친밀도가 높아지는 등 많은 변화가 있었다.

6. 겸직·겸무 운용으로 "멀티 경영" 타 보직 지원 업무도 내 일 같이!!

전 직원이 모든 업무를 할 수 있는 멀티형 직원으로 직원이 공석이거나 휴가·휴무, 병가, 출산 및 육아휴직 등에 의한 직무 공석 발생 시 대신할 수 있는 시스템을 구축하여 멀티 경영을 추진하게 되었다.

일례로 코스팀의 장비 담당 직원이 휴가로 인한 일시적 부재 시 문제가 발생했을 때 연락도 안 되고 작동 장비에 대한 조치가 불가하다면 어떻게 되겠는가? 코스관리 업무에 막대한 지장을 초래할 것이다.

직원 각자의 전문성에 대해 높이 평가하고 인정하면 겸손하고 업무에 더욱 정진해야 하나, 오히려 나 아니면 안 된다는 식의 사고방식으로 자만심도 있고 자신만의 영역으로 간주하는 경향이 팽배하였고, 본인 영역을 누군가가 침범하는 것에 대한 불쾌감을 표출함과 동시에 동료 직원들은 업무 영역에 관심을 갖지 않는 등 개인주의적인 직장 문화가 만연했다. 나로서는 받아들일 수 없는 조직 문화였다.

회사란 개인 능력에 의해서가 아닌 조직이 유기적으로 움직여서 일하는 곳이라고 생각하고 있었기 때문이다. 결코 한 개인에 의해서 회사의 업무에 차질이 발생해서는 안 되는 것이다. 담당 직원으로서 직무에 책임감을 갖는 것은 합당하나, 본인이 부재중일 경우 업무를 공유하고 회사 경영에 차질이 발생하지 않도록 하는 것도 중요한 역할임을 명심해야 한다.

또한 총무과에 근무하는 직원은 골프장의 진행되는 모든 업무의 행정을 관장하는 부서로서 예약, 예산/회계, 인사관리, 노무/급여, 구매/전산 등 회사의 중추적인 역할을 수행하는 부서이나, 한 공간에 함께 근무하면서도 지극히 개별적·독립적으로 수행되고 있어 서로가 서로의 업무에 대해 알지 못하여 담당자가 부재중일 때 업무를 대행해 줄 업무지원 체계가 전무하다 보니 휴일에도 직무 스트레스를 많이 받고 있었다.

만약에 예약, 회계, 구매 등 어느 한 곳이라도 업무공백이 발생한다면 골프장 경영에 치명적일 수밖에 없다. 이러한 아슬아슬한 운영이 십수년간 이어져 왔다는게 신기할 따름이었다.

더 이상 머뭇거릴 시간은 없었다. 언제까지 운이 좋을 수는 없을 것이며 언제 문제가 발생할지는 아무도 모르는 것이기 때문이다. 조속히 주요 보직자 부재에 대비한 직원 양성이 시급했고 정해진 인원 안에서 해결해야 했기 때문에 1인 다역화를 추진하기로 결정하고 개인별 직무능력을 고려하여 업무를 분장하고 직무교육 계획을 세워 추진했다.

부서별 주요 업무 대행 시스템

총 무 과	총무업무	예약업무	예산/회계	구매/전산	시설관리
주무관(정)	총무과장	예약담당	회계담당	구매담당	시설담당
부재시 대행 순서(부)	1. 회계담당 2. 경영팀장	1. 프론트담당 2. 총무과장	1. 총무과장 2. 경영팀장	1. 총무과장 2. 회계담당	1. 총무과장 2. 구매담당

경 영 팀	내장업무	락카업무	경기진행	카트관리	연습장
주무관(정)	프론트	락카담당	경기담당	카트담당	연습장담당
부재시 대행 순서(부)	1. 회계담당 2. 예약담당	1. 프론트담당 2. 구매담당	1. 카트담당 2. 구매담당	1. 경기담당 2. 회계담당	1. 구매담당 2. 회계담당

코 스 팀	그린/코스관리	장비관리	페어웨이관리	시설/급수	조경관리
주무관(정)	코스과장	장비담당	페어담당	급수담당	조경담당
부재시 대행 순서(부)	1. 그린담당 2. 급수담당	1. 페어담당 2. 조경담당	1. 코스과장 2. 그린담당	1. 코스과장 2. 그린담당	1. 코스과장 2. 페어담당

부서 내 모든 직원이 다양한 직무 수행 능력을 갖추도록 교육하고 자발적으로 업무지원에 동참하는 등 어떠한 상황에서도 해당 부서가 원활하게 돌아갈 수 있도록 시스템을 구축하였으며, 특히 총무과 직원은 골프장 내 모든 업무를 수행할 수 있어야 하며, 때와 장소를 불문하고 고객들의 질문이나 요구에 신속하고 친절하게 대응할 수 있도록 능력을 갖추었다.

7. 원만한 노사관계 형성을 위한 사장의 역할은?

체력단련장 직원의 약 80%는 한국 노총 산하 육군 체력단련장 노조에 가입되어 있고, 그중 창공대 체력단련장은 노조 지부로서 노조 지부장과 근로자 대표 위원, 간사로 구성되어 있다.

관련법규를 보면,

> 노동3권 보장(헌법 제33조) : 근로자는 근로조건 향상을 위하여 단결권, 단체교섭권, 단체행동권을 가진다.
>
> 단결권 : 노동조합 결성 관련 법령(사측과 협상할 수 있는 근로자 단체 조직)
> 단체교섭권 : 근로자 단체가 근로조건 개선을 위한 사용자와 교섭할 수 있는 권리
> 단체행동권 : 노동자 요구를 관찰하기 위한 쟁의

1) 사용자와 근로자의 갈등을 사전에 예방하기 위한 조치가 선행되어야 한다.

골프장 시설의 경영정보 공유, 근로자와 사장의 의사소통, 근로자 개인 본연의 업무에 집중할 수 있도록 근무 여건을 보장해야 한다.
① 매 분기 단위로 노사협의회를 통하여 경영정보를 알려주고 근로자가 업무수행 여건 보장을 위한 애로 및 건의 사항을 청취하여 조치한다.

② 근로자와 의사소통은 주기적인 간담회와 근무 현장에서 대화의 시간, 단결 활동 등 다양한 방법을 통하여 직원들 현장의 목소리를 듣는다.

③ 직원의 업무분장은 근로계약 조건에서부터 명확하지만 유연하게 반영하여 근로자가 충분히 인지하고 업무를 수행할 수 있도록 하고, 만약 직원의 공백이 발생하거나 업무가 편중되는 업장이 있는 경우 원활한 지원 업무가 이루어질 수 있도록 하며 지원하는 사람은 어려움을 공감하고 인정을 베풀고 지원받는 사람은 감사하는 마음을 갖도록 한다.

다만 근로자 개인(노조 가입자 또는 미가입자 포함)이 근로조건 개선을 요구할 경우 개별 사안으로 사장이 그 내용을 접수하고 방안을 수립하여 근로자의 근로환경을 개선시킬 수 있다.

사장 권한으로 조치가 제한되는 사항은 요구사항에 적절성을 검토하여 인사사령부로 사실을 보고하여 대책을 수립한다.

2) 사장이 근로자에 대한 업무지도, 감독의 범위

① 사장은 관련 법규 및 노사협약에 근거하여 적법한 범위 내에서 권한을 행사할 수 있고 관련 규정이나 지침이 일반적인 사항은 시설운영과 근로자 업무, 고객 서비스 측면에서 사장이 현장에서 판단하여 결심할 수 있다.

> 관련법규 : 근로기준법, 공무직 근로자 등 인사관리 국방부 및 육군규정 115, 육군 규정 158 육군 체력단련장 규정이 있고

> 사용자와 노동조합의 합의로 이루어진 취업규칙, 단체협약서가 있고
> 사용자와 근로자가 체결한 근로계약서가 있음.

② 이 중에 우선 적용되는 상위개념은 단체협약서, 취업규칙, 근로계약서가 되며 상황에 따라서는 근로계약서가 우선 적용될 수도 있다(법규는 사용자 일방적 결정인 것에 비하여 취업규칙, 단체협약, 근로계약서는 사측과 노측의 합의 문서라서 우위에 있음)

③ 따라서 사장은 이러한 내용을 이해하고 근로자로서 권익을 보호하면서 시설의 경영성과를 달성할 수 있도록 리더십을 발휘해야 한다.

▶ 생각해 봅시다 !!!
(사장은 무엇을 주의해야 될까?)

사례#1) 팀장 업무수행이 사장 마음에 들지 않는다고 팀장을 무시하고 과장 위주로 업무수행할 경우 팀장이 이에 대한 이의를 제기할 수 있고, 이는 노조와 갈등보다는 개별 사안으로 인지하고 원만한 시설 운영이 될 수 있도록 업무체계를 유지한 상태에서 팀장에 대한 사장의 리더십(leadership)을 발휘해야 한다.

사례#2) 사장이 특정 직원 위주로 업무를 추진하면서 소외된 직원들은 반감을 갖게 되고, 이러한 사항은 정상적인 시설 운영을 제한하게 되므로 직원들이 원활하게 소통이 될 수 있도록 균등하고 적절한 업무분장과 중간관리자인 팀장, 과장이 제

역할을 할 수 있도록 지도하고 감독한다.

사례#3) 사장이 업무수행 중 법과 규정을 따지면서 결재를 하지 않거나 명확한 지침을 주지 않는 경우 업무가 지연되고 직원들의 불만이 증폭되며, 소수 일부 직원 위주의 의견만을 수렴하여 운영한다면 소외된 직원은 자신들의 권리를 찾기 위혜 사장에게 도전해 올 수도 있다.

사례#4) 직장 내 괴롭힘, 성희롱, 인격적 모독, 부당한 대우를 하지 않아야 한다.

① 회의 도중 즉 공개적인 자리에서 폭언, 면박 주는 행위, 농담인 양
"○○씨 같이 해오는 분은 없겠죠."
"이런 식으로 해올 거면 다른 사람 피해 주지 말고 그냥 회사 그만두세요."

② 업무 의사결정 제외, "이거 ○○씨 결정난 거 몰랐어요." "○○씨 내일부터 저쪽 부서로 출근하시면 되겠네."

③ 인격모독, 인신공격,
"○○씨 남자 맞아요? 그러니 그 나이 먹고도 연애를 못하지."
"○○씨 그렇게 뚱뚱하고 쪼잔하고 그러니 주변에 남(여)자가 없는 거예요."

④ 일부러 퇴근을 못하게 하고 본인 차량 탑승유도 "아이고, 차가 끊겨버렸네, 내가 태워 드릴 수밖에 없겠네, 불편하게 생각하지 마시고 타세요."

⑤ 퇴근하는 직원에게 "오늘 왜 이렇게 서둘러요, 밤에 뭐 좋은 거 하러 가나 봐요."

⑥ 업무 중에 "밤에 뭔 짓을 했길래 기운이 없어" "밤에 힘쓰지 말고 일에 힘을 쓰란 말이야." 등

▲ 노조지부장과의 소통

8. 직장내 학연, 혈연, 지연이 배제된 위계질서 확립

어떤 조직이든 직급 외에도, 연장자인 선배도 있고, 입사순서에 따라 나이는 적지만 선임자도 있고, 지방의 소도시 특성상 학연, 지연, 혈연으로 구성된 집단이 될 수밖에 없다. 그리고 선임자 추천으로 입사한 직원은 일련의 종속관계가 형성되어 해당 상급자보다 더 우선시

하는 경향도 있다. 조직 내에서는 언제나 복잡한 관계 속에서 한 방향 한목소리를 내면서 동시에 영업이익도 창출해야 되는 상황에, 직장 내에서는 사적인 관계가 아닌 공동의 노력이 무엇보다 중요하므로 서로 존중하고 배려하는 마음이 중요하고, 회사에서는 사적인 관계를 절대 금지시켰고 "똑같은 직원인데 왜 간섭하냐?"는 등 갈등이 있을 때는 모든 선배 또는 연장자는 각각 존중되어야 한다고 강조하여 갈등을 최소화하도록 하였다.

특히, 선배는 나이 많은 선배나 입사 선배도 있지만 진정한 선배는 일을 더 잘하고, 더 많이 알고, 맡은 업무에 최선을 다하는 사람이다.

그들이 이 회사를 이끌어 가고 있기 때문에 능력 있는 선배는 존중하고 깍듯한 예를 지키는 분위기를 조성했다.

9. 회사 내 발생한 문제는 반드시 오너가 책임지는 자세

회사 내 사장의 책임지는 자세!
회사 내 발생한 문제에 대해 부하직원에게 책임을 전가하는 행위는 비겁한 행위이며, 어려운 일이나 곤란한 일, 핑계나 다른 이유로 책임을 회피할 때 조직은 와해되고 회사의 경쟁력은 추락할 것이다.

권한과 책임에 대한 명확한 인식!
오너가 모든 권한을 행사한 일의 결과가 잘 못 되었을 때 책임지지 않고 부하직원에 책임을 묻는 경영은 절대 안 된다.
모든 권한은 오너가 행사하고 잘못된 결과에 대해 책임지지 않고 오히려 부하직원에게 책임을 전가하는 양태가 조직력을 악화시키는 것이다. 상호역할에 대한 존중과 합당한 배려 그리고 과실에 대한 배분이 합리적이고 공정할 때 최고의 가치를 부여받는 것이다.

오너의 책임을 전가하는 태도에 직원들은 회사발전을 위한 창의적인 아이디어 제공을 망설이고, 주어진 업무에 소극적인 태도로 임할 것이며, 사장의 태도를 그대로 답습하여 문제 발생시 책임을 남의 탓으로 회피하거나 사실을 왜곡하려 할 것이다.

부하가 자기 잘못을 인정하면 용서할 줄 알고, 자기 자신이 잘못했을 땐 그보다 더 빠르게 사과하는 것이 기본이다.

과거 군 생활 중 어느 군단장님께서 지휘관의 근무자세에 대해 종종 말씀하시며 예로 들었던 말이 있다.

"오케스트라는 각 부분별 악기의 최고의 연주자들이 모여서 각자 자기의 소리를 자랑하듯 연주하는 것이 아니라, 지휘자의 지휘에 따라 매 순간순간마다 선·후, 완·급, 강·약의 연주를 통해 아름다운 하모니를 이루어 완성도 높은 최고의 작품을 도출해 내는 작업이다."라고 말씀하셨다.

'골프장에서의 오너는 전 직원을 조화롭게 통솔하여 영업이익을 창출하는 것이다.'

10. 지역 유관기관과의 원활한 유대관계 강화

1) 지역 군부대와의 유대강화 및 감사장과 함께 친목 도모

군 골프장은 군인의 체력 단련과 건전한 여가선용을 통한 전투력

향상을 목적으로 운영된다. 따라서 지역에 있는 군부대와 유대강화가 무엇보다 중요하다. 특히, 작전지역 안에 있는 현역 장병과 군무원들이 대기 태세를 유지하면서 언제든지 편하게 체력 단련할 수 있도록 최상의 여건을 제공하였다.

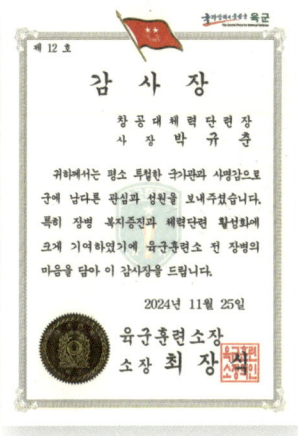 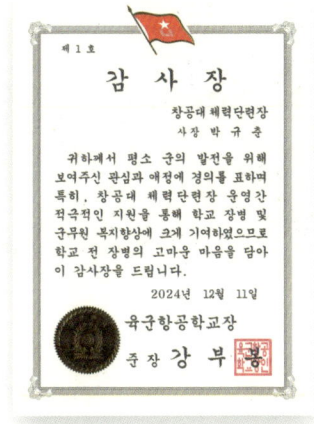

그 결과 지역 내 군부대 지휘관(육군훈련소장, 항공학교장)들로부터 '감사장' 등을 받았으며 이는 골프장 개장 후 최초로 큰 영광이 아닐 수 없다.

특히, 유사시에는 군수물자 야적 및 동원 병력의 숙영 시설 등 작전 예비 부지로 사용할 수 있으므로 평상시부터 지역 부대와 더불어 관리 및 운영한다는 마음으로 골프장을 경영하고 있다.

▶ 지역 군부대 지휘관 및 주요 직위자와 간담회 결과(항공학교, 육군훈련소)

우리 골프장은 ○○부대와 근접하고 있어 많은 고객들은 ○○부대에서 운영하는 골프장으로 인식하고 있다. 따라서 ○○부대를 대표하는 골프장이라는 생각으로 운영하고 관리하다 보니 인근 지역부대장들이 감사를 표하며 감사장과 함께 친목의 시간을 갖는 기쁨이 있었다.

2024년 12월 11일(수) 10:00부터 11:00까지 ○○부대장과 관련 주요참모들과 감사장 수여 및 기념사진 촬영, 대화의 시간, 기념사진 촬영 등이 있었다.

간담회 주요 내용은

▶ 군부대 _ 항공학교에 오는 많은 손님들로부터 '골프장 코스관리(특히 잔디관리)가 군 골프장 중 최고다!' '민간 골프장보다 더 좋은 것 같다!' '골프장에 카트실, 프런트, 락커룸, 경기 진행 등 직원들이 아주 친절하다!' 등의 많은 칭찬을 듣고 있습니다. 골프장 덕분에 제 체면도 올라감은 물론 항공학교에 대한 이미지도 많이 좋아졌습니다. 항상 골프장 관리를 아주 훌륭하게 해주셔서 매우 감사드립니다.

• 골프장 _ 창공대 체력단련장은 항공학교 골프장이라 생각하고 항공학교에 누가 되지 않도록 최선을 다하고 있습니다. 이렇게 좋게 평가해 주시니 감사드립니다.

▶ 군부대 _ 그리고 비월공으로 인해 항공학교 내 근무하는 장병 안전을 위해 3번 홀 티박스 전방 이전 요청에 신속하게 조치해

주셔서 감사합니다. 과거 경험을 기초로 볼 때 부대 내 많은 간부들이 골프장에서 조치를 안해 줄 거라고 하면서 항공학교와 창공대의 관계를 부정적으로 생각하고 있었으나, 사장님께서 이렇게 적극적으로 신속하게 조치해 주셔서 그동안 우려했던 걱정을 불식시키고 서로의 관계 개선에도 많은 도움이 되었습니다. 그리고 사격장 안전망도 완벽하게 설치해주신 덕분에 장병들의 안전이 보장된 가운데 훈련에 전념할 수 있도록 해주셔서 감사합니다.

- 골프장 _ 부대 장병의 안전이 최우선이라고 생각하고 판단하여 조치했습니다. 당연히 해야 할 일인데 이렇게 긍정적으로 생각해 주시니 감사합니다.

▶ 군부대 _ 사장님께서 창공대를 항공학교 골프장으로 생각하고 운영 및 관리하신다는 말씀에 감동했습니다. 사실 과거 항공학교를 찾는 손님들로부터 골프장에 대한 불만을 들었을 때는 매우 곤란하였습니다. 그러나 최근 골프장에 대한 칭찬을 많이 받고 있어 굉장히 뿌듯합니다.

- 골프장 _ 골프장이 육군항공학교 위상 제고에 기여를 했다니 감사합니다.

▶ 군부대 _ 그리고 창공대는 하늘을 나는 헬기의 상징성이 있으므로, 매년 도태되는 헬리콥터를 골프장 홀 몇 군데 전시하면 이용객들이 포토존으로 활용할 수 있어서 좋은 듯합니다. 요청만 하시면 상급부대와 연계하여 적극 검토하겠습니다.

- 골프장 _ 정말 좋은 생각입니다. 가능한 장소를 검토해 보겠습니다.

2) 지역 유관기관과 협조 및 유대강화

골프장의 위치와 특성상 지역주민 및 유관기관과 유기적인 협조는 매우 중요하다. 주기적으로 관련자와 관계유지 및 지역동호회와 친분 유지 등 지역주민의 날 행사를 통하여 유대를 강화하고 지역주민에게는 골프요금 할인 행사 및 우선적으로 티 편성을 하고 있다.

논산시청, 농어촌공사, 소방서, 경찰서, 노성면사무소, 지역주민, 최기지역 군부대, 중소기업체(레미콘 공장, 아스콘 공장 등), 지역 금융권(국민은행, 농협, 우체국), 지역내 병원 등

▲ 지역주민 대표와 민원 내용에 대해 소통하는 모습!

제4장
全 직원이 주인으로 근무하는
내 집 같은 직장 만들기

자기 자신을 통제하려면 머리를 써라!
다른 사람을 통제하려면 마음을 써라!
-엘리너 루즈벨트-

1. 권한과 책임 부여, 각자가 맡은 분야 부서장!!

직원들의 경험적 요소와 업무 숙련도는 골프장 운영의 중요한 요소이다. 그러나 직원들의 경험에 지나치게 의존하면 매너리즘에 빠질 수 있고 시대와 환경의 변화에 적응하지 못 하고 최악의 상황에 직면할 수도 있다. 따라서 사장이 항상 현장을 확인하고 변화를 빠르게 포착하여 직원들의 경험적 요소와 적절하게 융합시킬 수 있는 시스템을 갖추도록 노력하고 있다. 또한 직원들이 그 분야의 부서장이라는 명확한 임무형, 책임형 경영을 한 결과 관리자가 없어도 자율적이고, 어느 누구도 농땡이 치지 않고 각자가 맡은 부서에 사명감을 갖고 완전하게 임무을 완수하고 있다.

다른 여타 골프장을 모방하거나 기존해 오던 방식을 답습한다는 관행을 탈피하여 전혀 새로운 각도의 비즈니스 모델이라는 콘셉트를 설정하여 AI카트와 노캐디, 셀프·워킹골프를 결합하여 단점을 극복하면서 기존의 관행적이고 통속적인 경영에서 탈피하여 직원과 고객이 한 팀이 되는 적극적인 골프장 경영을 하였다.

특히 코스관리, 장비관리, 시설관리 등 하드웨어적인 요소는 관련 책임자나 전문가들이 많으나 이를 수행하는 조직관리는 전문가가 부족한 실정이며, 모든 것은 사람이 하는 것으로 어떻게 그것을 관리·운영하고 그 마음을 얻는 것이 최우선 과제로 판단하여 추진하였다.

2. 근로기준법 보장 및 노사협의회를 통한 관계 개선

골프장에 근무하는 직원들은 정년이 보장되고 근로기준법이 적용

된다. 골프장의 직원들은 수행하는 직무와 무관하게 직급별 비슷한 연봉(월급)을 받고 있어, 직원 중 부정적인 마인드를 갖고 있다면 전 직원에게 미치는 영향은 크다. 직원들 최고의 복지혜택은 고객에게 서비스를 통한 영업이익 창출이 최고의 복지혜택이다.

노조가 결성되어 분기 1회 노사협의회를 통하여 불만 요소가 무엇인지? 건의 사항 등 상호 열린 마음으로 토의를 통하여 직원들의 기본권 보장과 복지에 대해 무엇보다 중요하게 생각하고 최우선으로 조치하였다.

우리 골프장은 관리자들의 갑질을 근절하고 직원상호 화합하는 분위기를 잘 형성하여 노사관계가 원만한 조직으로 유지되고 있다. 그러나 회사측의 갑질이 시작된다면 다시 노사관계는 악화될 것이므로 끊임 없는 노사 교류가 있어야 할 것이다.

▲ 근로자 대표와 경영실적을 공유하고 근로자측의 요구를 듣고 있다.

◀ 노조대표와 악수하는 모습

3. 직원들 자체 회사발전을 위한 토의 결과를 회사 경영에 적극 반영

사례 1) 일부 직원의 일일, 주간, 월간, 분기(반기) 회의 정례화 건의 건

골프장 특성상 출·퇴근 시간, 근무지, 수행업무 등이 다르고 쉴 사이 없이 돌아가는 직장을 고려하여 과거 실시하던 일일, 주간 등 정기적인 회의는 최소화하고 구두 보고 및 비대변 문서 결재로 대체하였고, 회의를 할 경우에는 '시간보다 질 위주'로 간략하게 진행했다.

▲ 주간회의를 통한 주요 현안 업무 공유와 상호 협조(팀장, 과장)

골프장 경영에 핵심인 경영성과 분석, 월별 운영 및 티 편성 토의, 코스 관리 계획, 고객 민원에 대해서는 일일, 주간, 월 단위로 철저히 확인하고 점검하고 있다. 단, 별도의 지시 및 강조 사항이 있을 때는 단톡방이나 밴드 게시판 또는 현장에서 직접 업무지시와 피드백을 받는 토의나 간담회를 하는 등 TOP-DOWN 식의 업무를 통하여 업무수행의 신속성과 효율성을 제고하였다.

이러한 과정에서 일부 직원들이 일일, 주간, 월간회의를 축소, 생략하는 것을 소통의 기회 상실로 생각하고 정기적으로 회의할 것을 요

구하여 회의 요구가 개인의 생각인지 직원 전체의 의견인지를 주요 직원들을 대상으로 토의하도록 하였다. 토의 결과 직원들이 회의를 최소화하는 것을 희망하였으며 이를 수용하였고, 현재는 직원들이 현장에서 본연의 업무에 집중할 수 있는 여건을 최대한 보장하고 있다.

- 결론
1. 잦은 회의는 업무시간 부족으로 이어지니 주요 쟁점 사안이 있는 경우에만 하되 과장급만 모여서 회의를 했으면 좋겠다.
2. 노사협의회, 정비의 날 등을 활용하여 골프장 경영 정보를 공유 희망

사례 2) 직원이 회사 및 동료직원 개인신상에 대해 동의 없이 외부 유출한 건

회사 내 또는 동료직원 간 있었던 일들을 노조 집행부나 타 체력단련장 직원에게 유출하여 이 내용이 사실과 전혀 다르게 와전되고 과장되어 소문이 퍼지고 다시 회사나 동료에게 알려져 해당 직원의 인권에 심각한 피해를 입히는 일들이 발생했다.

한 예로 근거도 없이 사장이 직원들과 소통을 안하고 밀실정치를 한다는 헛소문을 사외에 퍼트렸고, 특히 경고장 받은 본인은 모든 내용을 수용하고 인정하였는데도 불구하고 경고장을 받은 직원이 요청하지도 않은 사실을 자신의 일인 것처럼 부당한 처분으로 판단하여 상위 노조 집행부에 알리는 등 불필요하고 과장된 소문이 퍼지는 원인을 제공하였음. 그 결과 해당 직원은 경고장 받은 사실이 외부에 노출되어 이를 아주 불쾌하게 생각하고 문제의 직원에게 따지며 항의하는 일이 발생하였다. 이러한 일들로 회사의 이미지가 실추됨은 물론

이고 직원간 불화와 조직이 분열되는 가장 큰 원인 중 하나로 생각하여 팀장, 과장, 근로자측 대표인원과 희망하는 직원들을 대상으로 자율적인 난상토론을 개최하도록 하였다.

  3차례에 걸친 토론 결과는 어느 여배우가 말했듯이 "너나 잘하세요!!!"라는 말을 상기하게 한다. 결론적으로 회사 내부 일들은 자체 시스템에 의해 해결하고 동료직원의 일에 불필요한 참견을 하여 분란을 일으키지 말고 자제하며, 본인의 일이나 충실히 하자는 토론 결과가 있었다.

> **- 결론**
> 1. 회사 내부의 일이나 본인과 관계 없는 동료들에 대해 얘기하지 않도록 해야 한다. 특히, 노조 집행부, 타 골프장 직원 등 외부 인원과 대화시 가십(gossip)거리로 사용하지 않아야 한다.
> 2. 노조 직위를 이용하여 불필요하게 남의 일에 관심을 갖거나 참견하는 행위는 반드시 삼가야 한다.

  사례 3) 경기 진행 업무 개선 토의(3회)

  혹서기 폭염이 끝나고 가을 성수기에 접어들어섰음에도 불구하고 경기진행 시간이 6시간 이상 소요되는 경우가 가끔 발생하고, 일부 이용객은 운동을 마치지 못한 채 홀아웃 했으며, 이에 대한 불만의 민원이 발생하였다.

  진상 고객 또는 대면하기 껄끄러운 고객과의 마찰을 피하려 소극적으로 대응하던 것이 이제는 일반적인 고객들을 상대할 때도 동일하게 적용하고 있었던 것이다. 경기진행 지연 사유를 물어봐도 'AI카트는 원래 느리다.' '고객이 AI카트 조작이 미숙하다.' '진상 고객 때문이다.' '티 편성이 너무 많다.' 등 핑계 대기 급급할 뿐 개선의 의지는 없어 보였다.

 이를 해결하고자 경기팀 직원 개개인들이 출근부터 퇴근까지 하는 일들을 관찰하고 객관적으로 분석한 결과 주요 원인을 파악했다.

- 주요 원인 분석 결과
1. 경기과 직원들의 경기지연 사전 예방 활동 부재
   - 순찰 횟수 감소하고 CCTV에만 의존 → 경기 지연팀에 대한 조치 시기 상실
   ※ 시간이 지나서 다른 홀에서 지연 고객에게 얘기하면 오히려 화를 내고 인정하지 않음
   - CCTV 사각지역에서 발생한 고객 불편사항 미조치
2. 그늘집 이용시간을 줄이는 등 편법으로 고객 통제 및 진행 : 고객불만 가중, 진행 미협조
3. 타부서 직원이 경기진행 사무실에서 커피를 마시며 휴식 및 잡담 경기진행 소홀
4. 초보자나 처음 방문 고객들에 대한 관리 및 안내 미흡
5. 잘못된 언어 사용으로 고객과 마찰 ☞ 다툼 ☞ 경기지연
6. 일부 직원들의 경기진행 업무 미숙 ☞ 고객 위치 파악 소홀

 이를 개선하기 위해 원인 분석한 내용을 기초로 경기과 스스로 토의하고 대책을 마련하여 보고토록 하고 개선하여 시행한 결과, 현재는 예방적 경기진행, 고객중심의 경기진행으로 탈바꿈하였으며, 고객들

로부터 경기진행과 서비스에 대한 만족도가 매우 높아졌으며 직원들에 대한 고객들의 칭찬글도 많아졌다.

사례 4) 수입목표 달성을 위한 영업 활성화 방안 토의

24년 여름 혹서기 폭염과 동계 한파 및 폭설로 많은 공티가 발생하였다.

우리 골프장은 승용식 전동카트를 운영하는 골프장에 비해 고객들의 선호도가 낮고 주변 민간 골프장들은 혹서기에는 주간경기보다 라이트를 설치하여 야간 경기에 중점을 둔 영업을 함과 동시에 공티가 많을 경우 할인권을 배포하는 등 고객 유치를 위해 파격적인 전략을 사용하고 있는 실정이다. 그렇다고 우리 골프장에서도 비회원 유치를 위해 할인 행사를 한다고 해서 지방의 소도시에 있는 골프장 특성상 비회원이 늘어날 것이라고 생각되지는 않았다.

해외 골프와 파크골프, 스크린 골프의 증가와 기상이변 등으로 영업환경은 계속 나빠질 것이므로 필사의 노력으로 영업하지 않는다면 사업 목표 달성이 어려움은 물론, 골프장의 생존에 위협을 받을 수 있다는 생각을 갖고 현장에서 경기진행을 담당하는 직원들과 영업 활성화를 위한 방안 토의를 지시하였으며, 토의를 통해 직원들이 위기의식을 느끼고 자발적이고 적극적인 변화를 이끌어 내기 위함이었다.

토의 전에는 경기팀을 1팀만 더 편성해도 경기과 직원은 물론, 코스 및 락카 직원들도 늦게 퇴근한다고 항의하던 분위기였지만, 토의 과정을 통해 직원들이 자발적으로 다양한 위기 대처 방안을 제안하였다.

- 위기 대처 방안 토의 결과
1. 혹서기 시원한 새벽 조조 9홀 티 편성을 추가 편성하여 수입을 증대

2. 성수기 가용시간을 최대한 염출하여 많은 팀 편성 매출 손실 복구
3. 공티 발생시 전 직원이 각자의 채널을 동원하여 공티 100% 채우기
4. 정회원 이용 횟수 상향 조정
5. 3일 전 공티 발생시 인터넷에 공지한 공티를 선택 라운딩 시 횟수 미적용
6. 현역 경기일 긴급 반납 티 비회원에게 할당
7. 일용직 계절 근로자 채용 인원축소, 채용기간 단축
8. 고객이 없을 때는 연장근무 자제
9. 여름 혹서기 일반 회원 요금 할인 등

이러한 토의를 통해 단기적으로 큰 수익 증대를 기대하기는 어렵지만 직원들이 뼈와 살을 깎는 노력을 해야 생존할 수 있다는 인식의 변화는 장기적으로 골프장의 생존 전략에 큰 도움이 될 것이다.

사례 5) 그늘집 이용하지 못한 고객들의 불만 민원에 대한 대처 토의

일조시간이 급격하게 감소하는 동계에 식사하려고 그늘집에 주문하는 고객을 경기 진행이 늦었다는 이유로 직원이 취소시키고 경기를 진행한 것에 대한 불만 민원이 접수되었다.

분명히 고객들이 그늘집을 이용할 수 있는 충분한 시간을 고려하여 티 시간을 편성했음에도 불구하고 이러한 사례가 자주 발생하는 원인을 파악한 결과 해당 민원 및 비슷한 불민을 제기하는 고객들의 공통적인 특징이 있었다.

- 경기과 입장을 들어보면
1. 경기 진행이 심하게 늦는 팀이다(멀리건 남발, 현지 레슨 등).

> 2. 그늘집 前 홀에서 미리 예약을 하지 않고 그늘집에 도착해서 식사하
>   려고 한다.
>   * 그늘집 도착 예약시 조리 시간과 먹는 시간 등 20분 이상 소요

경기과 직원은 경기 진행이 지연되다 보니 그늘집 이용 시간을 20분에서 5분으로 줄여버린 것이었다. 상황을 파악하고 보니 경기과 직원들만 탓할 수는 없었다.

문제의 팀들 또한 골프장에 와서 지인들과 기분 좋게 운동하고 싶어서 온 고객들에게 이와 같이 늦은 경기 진행을 이유로 제한한다면 외부에 골프장에 대해 부정적으로 얘기할 것이고 이는 우리 골프장에 대한 좋지 않은 이미지만 쌓일 것이 분명했다. 수 차례 여러 가지 방법을 교육하였지만, 직원들의 공감이 없는 한 개선은 불가능하다는 것을 알고 있었고, 결국 이 문제에 대한 해결방안을 경기과 직원들이 직접 고민하고 대책을 수립할 수 있는 기회를 주고자 경영팀장 주도하에 수 차례 토의하도록 지시하였다. 토의 과정에서 경기과 직원들은 본인의 업무를 열심히 수행했음에도 개선책을 마련하라는 것에 대해 불만을 갖거나 사기가 저하될 수 있는 상황이었으나 긴 시간 동안 고객을 위한, 고객중심의 시각에서 심층 토의하고 개선 방안을 도출하여 시행하였다.

> 개선 방안 토의 결과
> 1. 고객의 경기지연을 방치하지 말고 사전에 적극적으로 대처
> 2. 티오프 전 이용 및 안전 수칙 안내 시, 그늘집 사전 예약해 줄 것을 강조
> 3. 그늘집 이용시 사전예약이 반드시 필요함을 그늘집 前 홀에 현수막

설치, 추가 안내
4. 경기진행이 다소 늦더라도 예약한 경우 가급적 식사할 수 있도록 배려

그 결과 경기진행도 원활하고 고객들은 그늘집을 이용할 수 있어 민원이 줄었고 골프장에 대한 만족도를 한층 더 높일 수 있었다.

4. 전 직원 대토론회를 통한 요구, 불만, 상호 갈등 요소 제거

골프장 사장 부임 이후 직원들에게 느꼈던 회사나 관리자에 대한 불만 또는 불신, 직원 상호 질투와 반목을 해결하고자 전 직원과의 1:1면담과 설문조사를 통해 직원들로부터 의견수렴 결과 다양한 많은 요구 및 불만 사항들이 파악되었다.

분석 결과 직원들이 무엇을 원하는지? 무엇 때문에 불만인지? 직원 간의 갈등 요인은 무엇인지? 종합적으로 정리하고 이를 해소하고자 전 직원이 모여 크고 작은 34가지 시안에 대해 4시간에 걸쳐 토론하였으며, 이후 토론 결과에 대해 재 언급하지 않을 때까지 허심탄회하게 대화한 결과 직원들의 불만, 요구, 상호불신은 상당히 감소되었다. 직원들로부터 파악한 대토론 주제를 5가지로 정리해 보면…

<1> 직원 복지 확대 요구

▶ 직원식당 운영 방안 해결 요구
▶ 직원의 골프 운동기회 확대 : 월 1~2회 고정적 골프티 배정
▶ 조기 출근시 아침식사를 제공해 주었으면 함
▶ 코스팀 직원에 대해 1년 1회 정기적으로 정밀 건강검진 지원 희망
▶ 사장의 보편적인 직원 복지에 대한 관심 증대

<2> 관리자 또는 업무 시스템에 대한 불만

▶ 담당자의 업무수행에 대한 불만
  예) 1인 전동카트 수리부속 납품 및 A/S가 몇 달째 지연됨
▶ 보직조정 요구를 통해 자신의 보직에 대한 인정이나 입지 주장
▶ 악천후 등 기상악화로 고객이 없을 경우 조기 퇴근 요구
▶ 신규직원 채용시 1~2개월 동안 코스 현장업무 의무 경험제 도입
▶ 업무 추진시 일방적으로 지시한다. 담당자 의견을 반영해 주었으면 함.

<3> 근무 시설 및 업무 환경에 대한 불만

▶ 코스 관수 사각지대가 많아 관리가 어려움
▶ 카트담당이 정비하고 쉴 공간이 없음
▶ 일용직도 피복을 똑같이 지급해 주었으면 함
▶ 성수기 때 시약작업 시 너무 늦은 시간에 끝남
▶ 연습장 1인 근무(12시간 근무) 시 점심시간 1시간 보장

- ▶ 경기진행실 전기 용량 증설, 에어컨을 틀 수가 없음
- ▶ 락카물자 보관창고 이전 : 좁고 온도변화가 심해 제품이 변질됨
- ▶ 그린 예초시 힘들고 많은 시간 소요되니 승용식 그린모아 조기 구입 바람
- ▶ 여자 락카 및 화장실에 벨 또는 음악을 틀어주었으면 함.
- ▶ 카트이동로 인조잔디를 두꺼운 것으로 교체해 주었으면 함.

<4> 타부서 및 직원에 대한 불만

- ▶ 업무 지원받는 일부 직원은 지원하는 직원에 고마워했으면 함
- ▶ 업무 지원 요청시 핑계대거나 회피하지 않았으면 함
- ▶ 지원 업무시 자신의 일처럼 성실하게 했으면 함
- ▶ 일부 직원들이 예약담당에게 티를 청탁하는데 이것은 부당함
- ▶ 코스 이동시 직원이 안전모자를 안 쓰는데 잘 썼으면 좋겠음
- ▶ 코스팀에서는 코스관리를 제대로 했으면 함
  예) 그린 에이프런 켄터키 블루그래스 소실
- ▶ 그린, 페어웨이 잔디 및 벙커 상태 악화
- ▶ 법면 아카시아 및 잡풀 무성함. 특히 5,6,7번홀 법면이 심함
- ▶ 조경관리에도 신경써 줬으면 함
- ▶ 우리 골프장의 예산도 적은데 낭비하는 직원이 없었으면 함
- ▶ 총무과 직원들이 프린드에 걸려온 전화를 당겨서 받아줬으면 함
- ▶ 노사협의회 구성시 비노조원과의 형평성을 고려하여 편성했으면 함

<5> 불량 또는 진상 고객에 대한 불만

▶ 늦장 플레이어 및 통제 불응 고객 블랙리스트를 작성 후 출입 통제
▶ 대면직 근무자에게 진상, 불량 고객이 증가하고 있어 업무수행이 어려움
▶ 완전 진상의 경우 대응이 너무 어려워 회사를 그만두고 싶음

직원들이 건의한 내용에 대해 설명 및 토의하는 모습

5. 편한 휴식이 건강한 직원을, 건강한 직원이 좋은 골프장을…

일을 하는데 있어 가장 중요한 것은 결정일 것이다. 우리가 항상 하는

말이 있다. '나 결정했어!', '나 결심했어!' 이렇듯 우리는 실제 일하는 시간보다 '무엇을 할 것인가?', '언제 할 것인가?', '어떻게 할 것인가?' 등 결정하는데 많은 시간을 소비한다. 충분한 휴식을 취한 직원은 이러한 결정을 빠르고 정확하게 내릴 수 있다. 또한 집중력도 높아져 안전사고도 줄며, 생산성도 높아진다. 즉, 직원들이 휴식을 잘 취해야 안전하고 일하는 게 즐거우며 생산성 있는 회사가 된다. 이렇듯 직원들이 편하게 휴식하고 스트레스를 해소하여 에너지를 재충전할 수 있도록 클럽하우스, 코스팀, 경기과 등 각 부서에 샤워시설 및 탕비실과 휴게시설을 설치하여 직원들의 직무 만족도 향상에 노력하고 있다.

남·여 휴게실 신설

휴게실 내부   탕비실 내부

6. 공정한 직장 분위기 조성

인간은 외모, 생각, 성격, 자라온 환경 및 가치관이 모두 다르기 때문에 항상 갈등이 발생한다. 이렇게 직장 내에서 수많은 직원이 부딪히며 발생하는 갈등을 잘 해결하고 관계를 원만하게 유지하는 것이 조직관리의 최우선 과제일 것이다. 사장, 팀장과 직원들이 서로 잘 소통하고 이해하여 원만한 관계를 유지한다면 코스, 프런트, 경기 등 모든 부서가 유기적으로 잘 돌아갈 것이고, 이는 직원들의 직무만족도 향상으로 이어지며, 나아가 고객들에게 더 나은 서비스를 제공하여 골프장의 생산성이 향상될 것이다. 이러한 직장 분위기 조성을 위해 직원들에게 회사를 위한 공동의 가치관을 심어주고 있다.

갈등 발생 시 토론회 개최, 타 부서 업무 체험, 공동 단체 작업, 단결 행사 등을 통해 상호 이해와 소통을 위한 장을 열어주고 있다. 그러나 이러한 노력에도 직원 갈등이 발생한다.

직원들에게 조사한 결과 갈등의 가장 큰 원인은 불공정이다. 같은 임금을 받고 같은 직무를 수행하는데 일하지 않고 떠넘기면서 월급은 똑같이 받고 여기에 초과 수당을 받아내기 위해 편법까지 쓰는 직원, 다른 직원의 희생에도 본인의 권리만 찾는 직원, 남의 약점을 이용하는 직원, 관리자에게 아부하는 직원 등 직장 내에서 이러한 직원들이 허용될 때 정상적으로 열심히 일한 직원들이 분개한다는 것이다.

예를 들어 아침 조출 직원이 상습적으로 지각하고 연락이 되지 않아, 쉬고 있는 다른 직원이 긴급한 연락을 받고 출근하는 일이 반복적으로 발생하는데도 불구하고 지각하는 직원은 다음 날 출근해서 아무런 불이익 없이 태평스럽게 근무하고 있고, 또 다른 직원은 30분이면 해결할 수 있는 일을 바로 해결하지 않고 미루다 연장근무 수당까지 받는 등 편법을 쓰는 직원에 대해 대다수 직원들이 분개하고 있다.

이러한 불공정은 직장 내 사기를 저하시키고 분열을 초래하는 가장 큰 원인이다. 사장은 이러한 불공정을 제거해 주어야 한다. 규정과 방침에 의거 직원들 스스로 인사심의 위원회를 구성하여 잘못을 파악하고 개선할 수 있도록 자정 능력을 키워 주고 있다.

그 결과 우리 직원들은 이러한 불성실하고 불량한 직원에 대해 절대 아량을 베풀지 않고 있으며 불량한 직원이 사장이나 관리자가 아닌 옆에서 열심히 일하는 동료 직원을 두려워하는 조직 문화가 형성되고 있다.

"월급은 고객이 준다!"

더 정확하게 말하면 일 잘하는 직원이 일 못하는 직원의 월급을 준다!

7. 공동작업 및 단결 활동을 통한 직원 상호 이해 증대

직원들은 평소 각자 소속 부서에서 자신의 일만 하기 때문에 다른 부서나 다른 직원의 일이나 어려움에 대해 잘

함께 하면 즐겁다!

주기적인 클럽하우스 대청소

전 직원 디봇 작업

직원들과 함께!!

개장기념일, 기념품 증정!

개장기념일 행사 개회 선언!

모르다 보니, 아주 사소한 마찰에도 오해가 발생할 수 있어 직원 상호 이해 증대를 위해 사무직이나 프런트 직원이 정비의 날 페어웨이 디보트, 제초작업, 이동로 보수 작업을 하거나 코스팀 직원이 동절기 등 비수기에는 경기 진행 업무를 체험하는 등 타 직원의 업무를 체험하고 이를 통해 서로를 인정할 수 있는 바탕을 마련해 주고 있다.

또한 정비의 날에는 코스팀과 경영팀, 남직원과 여직원, 저연령층과 고연령층이 적절하게 혼합된 팀을 편성하여 체육활동, 환경미화, 시설보수 등 임무를 수행하면서 많은 대화와 의견교환, 공동작업 과

직원 격려식사 모두 수고 많았어요!!

직원들을 집으로 초대하여 격려!!
이번에 수고들 많았어~~!

정에서 서로의 벽을 허물 수 있도록 노력하고 있다. 특히 이러한 과정을 통해 전 직원이 회사의 발전 및 경영성과 달성을 위한 공동의 목표를 갖고 일하고 있다는 일체감을 형성할 수 있었고 업무를 하더라도 즐거이 그 임무를 수행할 수 있는 분위기를 만들었다.

8. 회사에 대한 애사심, 소속감 및 자존감 고취

군 체력단련장은 일반 골프장과 다르게 군인의 체력단련과 건전한 여가선용을 통한 군의 전투력향상 국방력 강화에 기여함을 강조하고

클럽하우스 앞 3색기(태극기, 사령부, 창공대기)

창공대 로고 신규 제작 및 태극기와 사령부기 상시 게양

교육을 통하여 자존감과 자부심을 갖도록 하였다.

직원들이 직장을 아끼게 만드는 것은 물론 직장도 직원을 아끼게 만드는 원동력은 직원들의 업무수행에 대해 진정으로 감사한 마음과 격려, 믿음과 신뢰를 통하여 자발적으로 즐거이 그 직책에 최선을 다하는 모습일 것이다. 또한 적절한 보상과 혜택, 애로사항 및 문제점 등을 잘 파악하여 반드시 명확한 답을 주어 직원들도 회사에 대한 믿음이 생겼다.

그리고 골프장 클럽하우스 전면에 국가를 상징하는 태극기는 중앙에, 군 체력단련장을 상징하는 인사사령부 부대기는 우측에, 창공대를 상징하는 창공대 깃발은 좌측에 상시 게양하여 골프를 치러 나갈 때와 들어올 때 펄럭이는 깃발들을 볼 때 고객은 물론 직원들에게도 가슴 뭉클한 감동을 주도록 했다. 또한 창공대를 상징하는 로고를 신규 제작 입구부터 클럽하우스 출입문, 프런트, 카트 보관소, 이동로 등 잘 보이는 곳에 상시 부착하여 직원들이 회사에 대한 애사심과 소속감, 자존감을 높이도록 했다.

창공대 로고 신규 제작(24년 7월)
중요지역 설치 직원의 소속감 및 자긍심 고취

① **태양**(빛, 따뜻함, 에너지, 생명력) ② **보름달**(풍요와 번영, 생명력)
③ **푸른하늘**(자유와 평화)과 **구름**(상상력과 창의력)
④ **별**(꿈과 희망, 사랑과 연결) ⑤ **골프공**(창공대 골프장 의미)
⑥ **골프장 잔디**(평화, 안정) ⑦ **깃발**(권위나 권한)

제5장
감동 서비스로 다시 찾고 싶은 골프장으로 거듭나기

성공은 고객 만족을 달성하는 것으로 시작됩니다!
- 헨리 포드 -

골프장은 단순히 라운딩을 즐기는 공간을 넘어 고객에게 특별한 경험을 제공하는 공간으로 변화해야 한다. 이용 편의성을 높이고 고객 만족도를 향상시키기 위한 노력은 골프장의 경쟁력 강화와 지속적인 성장을 위한 필수 요소이다. 또한 최고의 명품골프장이 되기 위한 가장 중요한 척도가 바로 서비스이다.

과거 육군 참모총장을 하셨던 분들이 입소문을 듣고 골프 라운딩 하러 오셔서 18홀에 결코 뒤지지 않는 코스관리와 직원의 친절 등을 극찬하며 다시 찾고 싶은 골프장이라며 뿌듯해 하셨다.

육군 참모총장님 '이른 새벽 코스현장에서 만남'

육군 참모총장님과 백골부대 옛 전우들과 함께

1. 고객관리를 위한 효율적 고객의 소리 시스템

과거에는 골프장 이용이 특별한 계층만 누릴 수 있는 고급 취미였지만, 현재는 다양한 계층에서 접근이 가능해지면서, 골프장은 더 많은 사람들의 요구를 충족해야 하는 과제에 직면하고 있다. 따라서 다양한 경로를 통한 고객의 소리(Voice of the Customer)에 귀 기울여 체계적으로 고객의 니즈(Needs)를 수집하고 분석하여 지속적으로 문제를 개선하는 등 고객 중심적인 시각에서 서비스를 개선하고 있다.

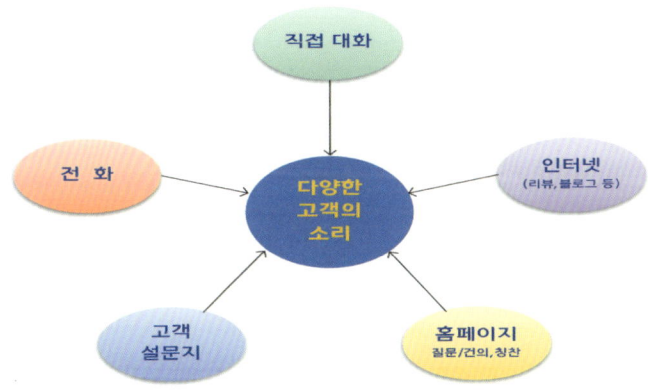

① 불만이 있는 고객 중 15%의 고객만이 회사에 불만을 토로한다.
② 불만은 있으나 드러내지 않는 고객이 70% 이상이다.
③ 고객의 이탈률을 5% 줄이면 가치는 85% 증폭 효과가 있다.
④ 신규고객 획득 비용은 고객유지 비용의 5배 소요된다.
⑤ 만족을 얻지 못한 고객의 91%는 그 회사의 물건을 다시는 구매하지 않으며, 최소한 9명에게 자신이 겪은 불쾌감을 이야기 한다.
⑥ 불만이 있는 고객 중 20%가 거래처를 옮긴다.

- 골프레저 산업 경영관리사 과정 -

불만고객 대응은 이렇게!!!

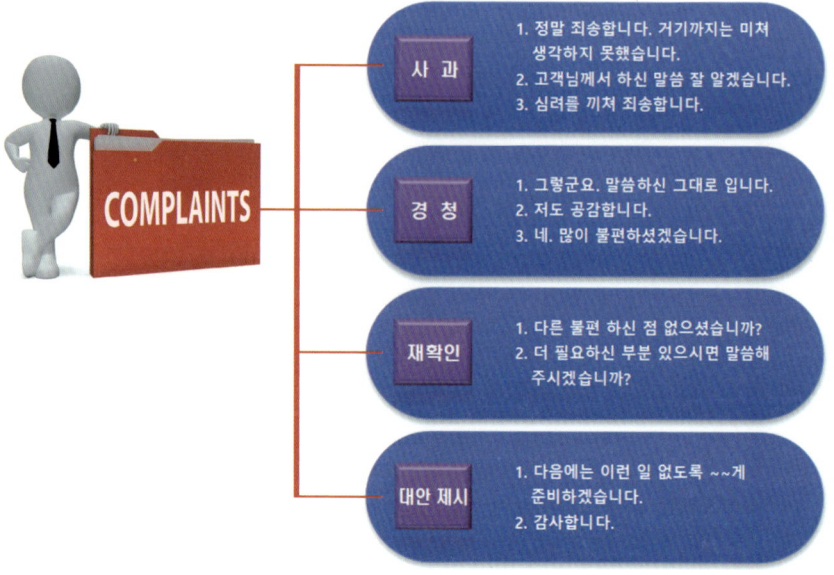

2. 신속하고 합리적인 고객의 불만 관리

최근 골프 인구 증가와 함께 골프장 이용에 대한 불편함도 함께 늘어나고 있다. 예약 시스템의 복잡성, 주차 문제, 부족한 편의시설, 느리거나 불친절한 서비스 등 다양한 문제들이 고객들의 불만을 야기하며, 골프장의 경쟁력 저하로 이어질 수 있다. 따라서 고객 불만 발생 유형별로 신속한 맞춤 대응으로 관리하고 있으며 오히려 고객이 감사함을 표하는 경우도 있었다.

최근 3년간 고객의 소리를 통해 제기된 고객 의견 유형

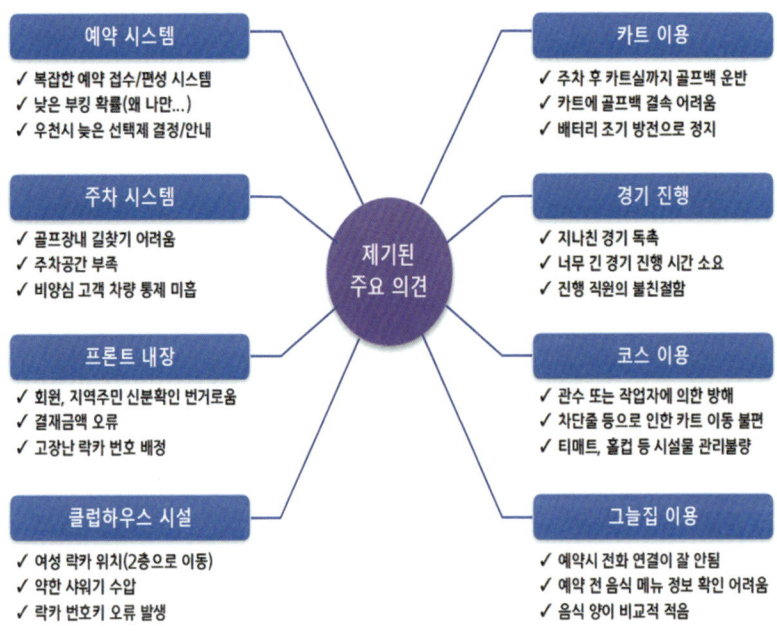

사례 1. 예약의 형평성에 대한 민원

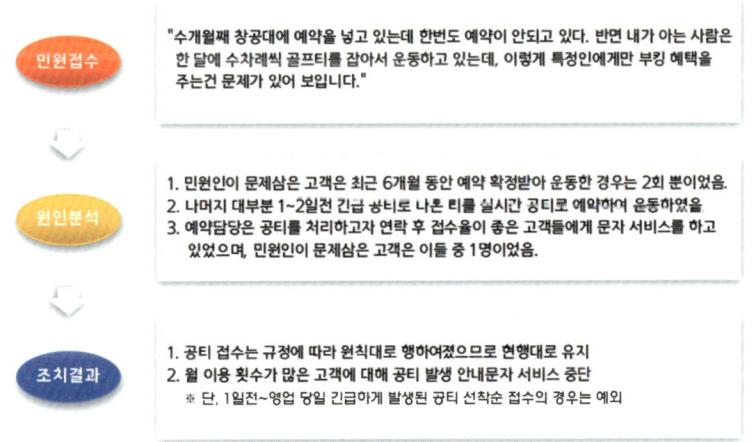

사례 2. 경기진행원에 대한 불만 민원

"배가 고파 그늘집에서 식사하겠다는데, 경기진행원이 안된다며 그늘집 이용을 못하게 하고 경기를 속행시켜서 화가 납니다. 아니? 어느 골프장에서 고객이 그늘집에서 식사 좀 하겠다는데 못하게 합니까? 내 사령부에 강력하게 항의할 것입니다. 직원 교육 똑바로 하세요!"

1. 민원인 팀의 경기진행이 너무 늦어 뒷 팀들이 해지기 전 정상적인 종료가 불가하였음.
2. 직전홀 티샷전 식사주문을 하고 식사해야 하나 예약이 없었음
   ☞ 예약이 없으면 음식 준비시간 + 식사시간 = 20~25분 이상 경기가 지연됨

1. 스타트 홀에서 그늘집 이용시 사전예약이 필수임을 당부
2. 5,9번홀 티박스에서 잘보이도록 그늘집 이용안내 현수막 설치
3. 경기 진행이 다소 늦더라도 예약한 고객이 식사할 시간을 할애해 줄 것
   ※ 식사 후 정상진행을 부탁하고, 필요시 뒷팀에 패스
4. (추가)고객 응대시 태도 및 언어 예절 교육
   ☞ "그러시면 안됩니다." (부정적) → "이렇게 하시면 됩니다." (긍정적)
   ☞ "○○○ 하세요!" (명령조) → " ○○○ 해 주시면 감사하겠습니다." (부탁조)

사례 3. 시설관리에 대한 불만 민원

"티박스에서 티를 꽂을 때 사이가 벌어져 있어 지체되거나 원하는 대로 못치는 경우가 있습니다. 사이 틈새 개선해 주세요!"

1. 티박스의 티매트 관리를 코스팀에서 하고 있음.
2. 7월 혹서기 담당 직원이 코스 잔디관리에 집중하다 보니 티매트 관리에 소홀함.
3. 티박스 관리 담당자가 예산 절감을 위해 티매트를 교체 시기를 넘겨 오래 사용하였음.

1. 티박스 및 티매트 관리 업무 일부 경기과 분담(시스템 변경)
   ☞ 일일 티박스 청소 및 상태 점검, 티매트 교체 등 경기과에서 수행
2. 티매트 교체 기준을 설정하고 적기에 교체하여 고객이 불편하지 않도록 조치(관리강화)
3. 충분한 예비 티매트 구매/확보(예산확보)

3. 고객의 입장에서 요구되는 친절·서비스 제공

고용보장은 사장이 하는 것이 아니라 고객이 하는 것이다.
즉, '고객은 봉급을 주는 사람!', '고용을 보장해 주는 사람!'인 것이다.

우리에게 고객의 의미는?
1) 고객은 우리에게 급여를 주는 사람!
2) 고객이 우리에게 의존하는 것이 아니라, 우리가 고객에게 의존하는 것!
3) 고객은 우리의 일을 중단시키는 귀찮은 존재가 아니라 바로 그들을 위해서 우리가 존재하는 것!
4) 고객은 우리에게 자신이 원하는 것을 해주기 바라는 사람!
5) 고객과 우리 모두에게 이익이 되도록 고객이 원하는 것을 수행하는 것이 바로 우리의 할 일!

모든 서비스는 고객 없이는 존재하지 않기 때문에 우리는 모든 역량을 고객중심으로 운영해야 한다. 즉, 우리는 고객중심적인 서비스를 지향해야 한다.

고객의 기본적인 욕구는 어떤것들이 있을까?
1) 기억되기를 바란다.   2) 환영받고 싶어 한다.
3) 중요한 사람으로 인식되기를 바란다.
4) 관심을 바란다.   5) 칭찬 받고 싶어한다.
6) 기대와 요구를 수용해 주기를 바란다.

따라서 이러한 고객들의 기본적인 욕구에 부응하기 위해 고객을 직접 응대하는 프런트, 락커룸, 카트실, 경기과 등 직원들이 갖추어야 할 기본적인 서비스를 매뉴얼로 작성하여 정기적으로 교육하고 있다. 이를 통해 직원들의 서비스에 대한 개념, 마인드, 행동력 향상을 통한 서비스 질을 향상할 수 있었고 고객 감동을 이끌 수 있는 고객 중심적인 서비스의 기초를 다졌다.

고객들의 블로그나 홈페이지 등에 게재한 대표적인 사례를 제시하면,

사례1) 제목 : 창공대를 다녀와서….

　1년만에 어제 초등학교 동창들과 즐겁게 창공대에서 운동했습니다.

　운영직원(카트, 프런트, 경기)들의 한결같은 친절과 배려는 너무도 감사했습니다.

　비록 아침 티오프 시간이었지만, 도착과 동시에 카트 사용요령에 대한 세심한 설명, 카운터의 프런트 직원의 미소와 함께 경기진행요원의 친절한 안내는 저와 동반자들에 대한 배려가 너무도 기분을 좋게 하였습니다.

　또한, 필드 상태는 타 골프장에 비해 최상으로 관리가 되어 있었으며 우리가 70대 가까운 나이에도 조금도 어려움 없이 모두가 즐겁게 힐링한 기분이었습니다.

　창공대 모든 직원들에 대해 감사드립니다.

사례2) 제목 : 창공대 경기진행 직원 ○○○님과
　　　　　　○○○님을 칭찬합니다.

　체력단련장을 이용하면서 예약실, 프런트 등 직원분들의 친

절함을 느꼈습니다.
특별히…, ○○○님과 ○○○님을 칭찬합니다.

창공대를 처음 이용할 때 개인 카트에 직접 캐디백을 싣는 시스템에 저는 좀 낯설었고, 단단히 고정시키는 과정이 조금은 힘에 겨웠었습니다.
그런데 너무도 환한 미소로 친절하게 안내해 주시면서 부지런한 손놀림으로 직접 캐디백을 실어주시는 ○○○님의 서비스에 기분 좋고 맘 편하게 경기할 수 있었습니다.
'무슨 좋은 일이 있으셨나?'하는 생각이 들 정도로 환한 표정이 인상적이었습니다. ^^
그런데 이분의 친절함은 일시적인 것이 아니었습니다!!

2년 가까이 창공대를 이용했는데….
○○○님은 추운 겨울에도 귀찮아 하지 않고, 극심한 무더위에도 짜증 없이 항시 분주하고 부지런히 움직이시면서 많은 이용자들에게 환한 미소와 친절한 서비스로 일관성 있게 응대하시는 모습을 보면서 더욱 큰 감동을 받아 칭찬글을 쓰게 되었습니다~~~.

또한 ○○○님을 칭찬합니다~~ ^^.
환한 미소로 경기를 진행하셔서 이용자들이 편안한 맘으로 경기할 수 있습니다. 또한 제가 어려운 부탁을 드렸던 적이 있었는데…, 불편한 기색 없이 기꺼이 응대해주셔서 제가 너무 감사했었습니다.

친절하고 상냥한 서비스로 창공대의 이미지를 격상시켜 주시는 ○○○님과 ○○○님을 칭찬하고 응원하며 감사의 마음을 전합니다~~^^.

또한 예약실, 프런트 등 다른 직원분들의 친절함에도 감사드립니다^^.

사례3) 제목 : 고마웠습니다.

창공대 임직원 여러분 덕분에 무덥고 습한 날씨에도 즐거운 라운딩 했습니다.

2일차는 비가 오는 가운데에도 불구하고 경기 진행에 불편한 기색 하나 없이 도와주셔서 너무너무 고마웠습니다. 특히 6번홀 스타트 진행실에 계시는 분 친절한 말 한마디가 힘을 북돋아 주었습니다. "이쁘게 티샷 하세요!" 정말 멋지고 감사한 말이었습니다.

창공대 임직원 여러분의 건강과 행복을 기원합니다.

사례4) 제목 : 친절한 전화 응대에 감사 드립니다.

창공대를 찾을 때마다 느끼는 일은 카트기를 배정 받을 때부터 전 직원들의 적극적이고 친절한 일처리로 언제나 즐거운 마음으로 운동을 할 수 있어 감사했습니다.

특히, 어쩌다 예약 관계로 예약실에 전화했을 때 담당 여직원의 친절하고 상냥한 전화 응대는 깊은 신뢰와 고맙고 감사한 마음을 오랫동안 느끼게 하였습니다.

창공대의 무궁한 발전을 기원 드립니다.

사례5) 제목 : 최적의 골프장 관리

어제 지인이 창공대체력단련장에 부킹되어 부부 동반 라운드를 오랜만에 마쳤다.

페어웨이가 잡초도 없고 디봇자국도 없었으며, 잔디를 알맞게 깍아 손질하였을 뿐만 아니라 그린이 너무 완벽에 가까울 정도로 상태가 좋게 관리하여 골퍼들을 매료시켰다.

고객들을 위해 정성껏 골프장을 가꾼다고 생각하니 대접받는 것 같아 라운드하는 동안 기분이 상쾌하였다.

어느 명문 골프장과 비교해도 전혀 손색이 없을 정도로 잘 가꾸느라 수고하신 직원들의 노고에 감사드리고 응원한다.

4. 고객 감동은 진정성 있는 직원들의 고객 응대로부터…

고객들은 기본적인 욕구가 충족되었다고 하여 골프장으로부터 감동을 받지는 않는다. 그럼에도 불구하고 우리는 최선을 다해 고객들의 기본적인 욕구를 충족할 수 있도록 서비스를 제공하는 이유는 말 그대로 기본 욕구이기 때문에 이것에 대한 서비스가 잘 이루어졌을 때는 고객들은 당연한 것으로 인식하고 아무 문제가 없겠지만, 잘 이루어지지 않을 때는 불만(Complain)으로 이어질 수 있으며, 이는 결국 고객과 매출의 감소로 이어지기 때문이다.

그렇다면 직원들이 어떻게 서비스를 제공해야 고객에 감동을 줄 수 있을까? 그것은 바로 직원들이 진정성을 가지고 응대할 때 비로소 고객은 감동을 받게 된다.

따라서 대면직 직원을 대상으로 정기적인 응대 교육과 부서별 고객 응대 관련 토의를 시행하도록 하여 직원들의 고객 응대 능력을 향상시키고 있다.

사례1) 제목 : 6.21(화) 응급처치에 대한 고마움 인사말씀

○○○입니다.

지난 6월 21일 13시 51분 티배정에 합류해서 재미있게 운동하던 도중 13홀 어간에서 갑작스럽게 종아리와 허벅지에 경련(쥐내림)으로 함께한 모든 이들이 우왕좌왕할 때 창공대 직원(2~3명 기억)분이 응급처치 및 음료 제공 등 약 1시간여 고생하시게 하여 그 고마움을 글로써 표현합니다. 친 가족같이 안심시키시고, 경련 부위를 처치하며, 더운 날 땀을 뻘뻘 흘리시는 모습이 그때는 너무 아파서 잘 몰랐는데 얼마나 고생하셨을까요?

성함도 모르고 하니 이글을 접하시는 관리자분께서 수소문 하셔서 칭찬 부탁드립니다.

다시 한번 창공대 사장님을 비롯하여 직원분들께 고맙습니다!!!

사례2) 제목 : 핸드폰과 지갑이 든 파우치를 찾아주신 직원분께 감사드립니다.

지난 주 토요일(2월 3일) 동료와 함께 라운딩을 했습니다.
　그날 따라 오후에 비가 오고 있었는데 손잡이에 걸어둔 파우치가 저도 모르는 사이에 사라졌습니다. 필드에 떨어진 것 같았습니다. 후반 8번홀에서 그 사실을 알고 경기과에 연락하여 경기과 직원이 그날 홀을 다 뒤지고 운동하신 분들에게도 다 알아보았으나 비도 오고 어두워져 결국 찾지 못했습니다.
　파우치에 핸드폰, 지갑, 자동차 키까지 들어있어 당혹감은 이루 말할 수 없었습니다. 동료의 차를 타고 그날 그냥 집으로 돌아왔고, 정말 걱정스런 마음으로 잠을 잤습니다. 필드에 떨어진 파우치 안에 있는 핸드폰이 밤에 계속 오고 있는 비에 이상이 없을지 걱정되었습니다.
　그러나 오늘 아침 골프장에서 파우치가 되돌아왔다는 연락이 왔더군요. 그 말을 들으니 정말 반갑고 고마웠습니다.
　경기진행실에 가서 알아보니 아침에 직원이 점검하면서 찾았다고 하더군요, 그 말을 들으니 정말 반갑고 고마웠습니다.
　창공대가 우수시설에 선정된 것도 다시 한번 공감이 가고요. 축하드립니다.
　다시 한번 파우치를 찾아주신 직원분께 감사드립니다.

5. 골프에 집중할 수 있는 고객 친화적인 골프장

1) 노캐디·셀프 워킹골프가 주는 잇점

'창공대 체력단련장'= 'Self-Working Golf'

고객들은 워킹 골프를 통해 18홀 동안 8km이상 걷게 되어 700칼로리 이상을 소모하게 된다. 이는 고객의 적절한 체중 유지에 도움을 주고 각종 심장 질환과 고혈압, 당뇨병 등에 대한 예방효과가 있으며 라운딩 내내 계속 걷기 때문에 근육이 미리 충분히 풀어져 부상 방지와 굿샷에도 도움이 되는 장점이 있고 향후 고객들의 워킹 골프에 대한 수요가 늘어나고 있는 추이로 이들을 타깃으로 한 영업 전략을 통해 충분히 이익을 창출할 수 있다.

2) 지루하지 않도록 적정 경기진행 시간 유지

창공대는 노캐디·셀프 워킹 골프임을 고려할 때 적정 경기시간이 4시간 50분~5시간 정도가 적당하고 비용이 저렴하다는 점으로 인해 초보자 및 은퇴 고령자들의 이용이 많아 경기진행 시간이 다소 지연되기 쉽다. 또한 워킹 골프의 특성상 혹서기, 혹한기 등 계절적 요인에 의한 경기진행 시간 차이가 뚜렷하게 나타난다. 다양한 프로세스를 구축하고 실행하여 이러한 문제를 극복하고 고객이 지루해하지 않도록 물 흐르듯 순조로운 경기진행을 유도하고 있다.

계절 맞춤형 적정 팀수 편성

1. 매월 실무자 티편성 계획 토의
2. 과거 경기진행시간 데이터 분석 반영
3. 과거 동시간 입장인원 구성 분석 반영
   예) 4~6월 초보자, 고령자 유입 증가
4. 계절, 기후적 요인 반영
   예) 폭염기간 경기진행시간 +20분

물 흐르듯 순조로운 경기진행

1. CCTV를 활용 원활한 경기 진행 유도
2. 경기담당 코스 순찰을 통한 고객 지원
   - 고객 이용 불편사항 해결
   - 카트 사용 미숙자 재교육
   - 경기 지연팀 조치
   - 골프채 등 분실물 해결
   - 고객 안전사고 예방 활동

초보자 및 고령자 고객 지원

1. 초보자 동반팀 관리
   - 라운딩에 필요한 충분한 정보제공
   - 지속적인 관심과 지원
2. 고령자 동반팀 관리
   - 고객 체력관리 지원
     (충분한 휴식)
   - 고객 상태 집중 관찰

3) AI카트 도입으로 워킹골프의 효율 극대화 추구

워킹 골프의 경제성과 운동 효과는 고객들로부터 많은 호응을 얻고 있다. 하지만 폭염 기간, 약한 비가 내릴 때와 같은 악기상 시에는 고객들의 이용 기피 현상은 뚜렷했다. 기존 전동카트는 수시로 방향을 바꾸고 속도를 조절해야 하며 넘어질 경우를 대비해 손잡이를 잡고 다녀야 했기 때문에 걷는 자세도 불편했으며, 우산 사용이나 핸드폰을 사용할 때 정지하는 등 많은 불편을 감수해야 했다. 2023년 AI카트 도입으로 이러한 단점이 모두 제거되어 고객들의 라운딩 피로감을 감소시키는 등 워킹 골프를 최적화하는데 큰 역할을 했으며 비수기 골프장 영업에도 큰 도움이 되고 있다.

4) 사고 위험이 없는 안전한 운동 환경 조성은 선결 과제

골프장은 골퍼가 안전사고에 대한 걱정 없이 경기에만 집중할 수 있도록 환경을 조성해 주어야 한다. 특히 골프장에 낯선 초보나 처음 방문하는 골퍼에게는 중요한 문제이다. 따라서 골퍼들이 안심하고 편안하게 운동할 수 있도록 시스템을 구축하고 물적, 인적 투자를 아끼지 않고 있다.

시스템 구축
- ♥ 고객 입장시 안전 교육 실시
- ♥ 안전 수칙 안내판 설치
- ♥ 계절별 안전사고 예방 현수막 설치
- ♥ 익사, 화재, 뱀·벌 등 경고 안내문 설치
- ♥ 혹서기 응급출동 대기 직원 편성 운영

물적 요소
- ♥ 홀 사이 비월공 발생 차단을 위한 안전망 설치
- ♥ 경사지, 해저드에 추락 방지용 차단바 설치
- ♥ 경기진행 보조 CCTV 설치
- ♥ 익사위험 지역 구명환, 로프 비치
- ♥ 안개시 안개등 설치 및 호각 준비

인적 요소
- ♥ 각 시설마다 자동심장충격기 및 구급상자 비치
  ※ 전직원 심폐소생술 할 수 있는 능력 확보
- ♥ 혹서기 온열실환 환자 발생 대비 응급기트 비치
- ♥ 매분기 전직원 상황별 응급조치 교육
- ♥ 안개, 낙뢰 등 악기상시 안전관리 지원 인력 운용

5) 직원들은 절대 고객의 골프에 방해되는 일이 없어야 한다.

고객 중심의 골프장 경영에 부합하는 진정한 서비스를 위해서는 직원으로부터 방해받지 않고 고객이 골프에 집중할 수 있도록 해야 한다. 그러나 고객이 이용규칙이나 안전 수칙을 준수하지 않는 경우가 발생할 경우나 꼭 해야할 코스관리작업 등 직원이 고객의 운동에 영향을 주는 경우가 발생하기 마련이다. 그러므로 어떠한 경우라도 고객들의 골프 운동이 방해되지 않거나 최소화할 수 있도록 직원들과 함께 토론하며 개선하고 대면업무 직원에 대한 고객 응대 교육을 주기적으로 실시하고 있다.

고객들은 언제 골프를 방해받는다고 생각할까?
고객들이 가장 민감한 순간은 티샷할 때와 퍼팅할 때이다.

[고객의 입장에서 본 직원이 골프를 방해하는 대표적인 사례들]

1. 티샷을 하려할 때 경기진행요원이 "늦었습니다. 빨리 치세요!", "멀리건은 안 됩니다.", "OB티로 이동하세요!"라고 명령하듯이 얘기하는 경우
2. 티샷 또는 필드샷을 할 때 코스직원의 예초기, 브로워 등 장비 소음에 방해 받는 경우
3. 그린에서 퍼팅할 때 경기진행요원의 오토바이가 소리를 내면서 지나갈 때, 오토바이 소리에 놀라 실타를 함
4. 오토바이 탄 직원이 자신의 팀을 바라보고 있을 때 "진행이 늦은 건 아닐까?"하는 조바심이 생겨 골프에 집중할 수 없음
5. 경기진행원이 오토바이를 탄 채 "늦었으니 서둘러 주세요!"라고 지적하듯 외치는 경우
6. 그늘집 예약을 안하고 식사하려는데, 경기진행원이 "예약 안 하셨으면 식사 안돼요!" 라고 말하면서 경기 속행을 요구하는 경우

- 고객 민원 발생시 고객의 입장에서 직원 스스로 문제 해결

사장의 강제적인 지시보다는 우선 직원 스스로 문제를 인지하고 해결할 수 있도록 기회를 주고 있다. 팀장을 중심으로 직원들과 토의하여 개선사항을 도출해 실천할 수 있는 제도를 갖추고 있다. 팀장은 경영자의 입장에서, 직원들은 실무자의 입장에서 각자의 입장을 주장하고 이를 개선하기 위한 합리적인 합의점을 찾아내어 직원들이 자발적으로 실천할 수 있도록 하고 있다.

[그늘집 이용 관련 민원 사례]

6. 고객이 기대하는 것 이상의 만족감을 제공해야 한다

고객들이 창공대를 찾는 가장 큰 이유는 캐디피가 없고 저렴한 그린피로 인한 낮은 이용료이다. 즉, 싼 맛에 온다는 것이다. 그러나 대부분의 고객들이 큰 기대 없이 창공대를 이용하러 왔다 합리적인 가격에 잘 관리된 코스, 친절한 직원들에게 만족하고 간다.

네이버 이용 후기나 블로그를 참고해 보면 고객들에게 창공대는 가성비 갑, 18홀 못지않게 잘 관리된 잔디, 친절한 직원, 쉽고 짜임새 있는 코스 구성, 저렴한 그늘집 음식값 등에서 큰 만족감을 얻고 있다는 것을 알게 되었다. 여기에 최근 새로 도입된 AI카트 또한 고객들의 관심과 만족을 더 한층 끌어 올리고 있다.

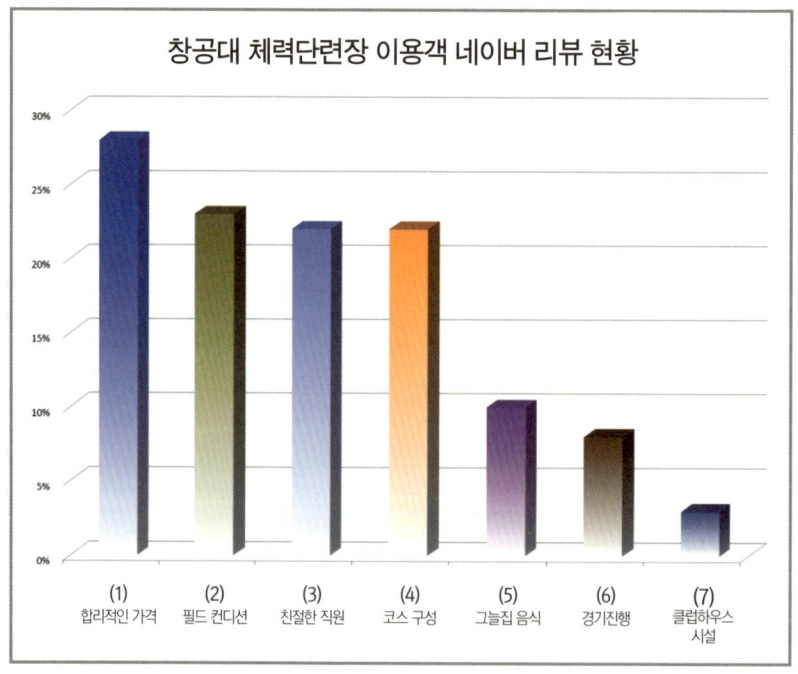

몇몇 리뷰를 살펴보면….

램프요정1
리뷰 52 · 사진 259 · 팔로워 1   팔로우

2월의 날씨에도 따뜻하고 푹신한 잔디가 너무 좋았어요.
그늘집은 역시 최애에요!
밖에 파는 어묵탕보다 양많고 계란까지 4개 넣어주셔서 4인이 충분히 먹는데 지장이 없어요.
거기에 너무나 **저렴한 가격**은 덤입니다.
코스 안까지 1인 AI카트가 들어가서 카트 있는 구장 가면 채꺼내리 다니기 귀찮을때가 있어요.
걷는다고 싫어들 하지만 전 여기가 더 좋아요.
접기

🍋 가격이 합리적이에요 🍊 필드 상태가 좋아요
🌳 그늘집이 잘 되어있어요

young더우먼
리뷰 401 · 사진 466 · 팔로워 7   팔로우

갈때마다 느끼지만 **관리가 잘 돼고 있다는** 느낌입니다^^
그린이나 페어웨이 상태 좋고 직원분들도 모두 친절합니다.
9홀 두바퀴지만 그린을 두개 사용해 두번째 돌때도 새로운 느낌 입니다.
접기

💗 친절해요 🍊 가격이 합리적이에요
🌳 필드 상태가 좋아요

7. 골프장 입구부터 자연스럽게 이어지는 고객 이동 동선

화살표, Led조명 간판, 주차장 개선, 도로 개선 및 이동 동선, 간판 신설 등 창공대 체력단련장 입구부터 스타트 홀까지 식별이 용이하도록 안내 간판을 설치하여 고객들이 혼동하지 않도록 하였다.

8. 계절별, 시기별 고객의 안전과 감성을 자극하는 현수막 설치

골프장에서는 기본적인 안전 수칙과 이용시 준수사항 등의 정보를 클럽하우스, 카트실, 스타트지역에서 게시판 또는 직원안내를 통해 고객들이 필요한 정보를 받을 수 있도록 여러 단계를 갖추고 있다.

그러나 만에 하나 있을 고객들의 안전사고나 불편사항을 최소화하고자 안전사고 위험이 있는 지역이나 경기 진행간 고객 불편사항이 발생할 수 있는 지역에 현수막을 추가로 설치하여 고객들의 안전과 편의를 도모하고 있다.

또한 계절별, 시기별 명절맞이 인사 또는 즐거운 환영 인사말로 고객의 감성을 자극하여 골프장 이용 만족도 및 이미지를 높이려 노력하고 있다.

9. 골프장의 좋은 기억을 사진으로…

누구나 골프장에서 추억을 쌓을 수 있다. 그러나 그 추억을 꺼내 보는데 결정적인 역할을 하는 것 중 하나는 사진일 것이다. 사람들은 추억이 있는 곳에서 많은 사진을 남기고 싶어한다. 그러나 계속 간직하는 사진은 많지 않다. 사진에 나 또는 가족, 친척이나 친구, 그곳을 기념할 수 있는 상징물이 없는 사진은 곧 잊혀지고 말 것이다.

골프장에서만 찍을 수 있는 사진은 골프장에서 만났던 사람과 즐거운 시간을 더욱더 오랫동안 간직할 수 있을 것이다. 따라서 우리 골프장을 기억할 수 있는 사진을 찍을 수 있도록 포토존을 조성하고 잘 관리하려 노력하고 있다.

헬리콥터 전시(육군항공학교 기증)

파란 잔디와 함께 한 '창공대CC' 모습

겨울 눈과 함께 한 '창공대CC' 모습

8번홀 그린 옆에 만개한 등나무 꽃

창공코스 마지막 홀

10. 아름다운 꽃과 함께 즐거운 라운딩…

꽃은 단순히 아름다움을 감상하는 대상이 아니라, 특정한 의미와 감정을 담고 있는 상징적인 존재다. 우리는 사랑, 감사, 슬픔 등의 감정을 표현할 때 꽃을 선물하고 꽃과 함께 기억한다. 길가의 들풀조차도 한 송이 꽃을 피우고 그 의미를 다하고 있다.

클럽하우스 앞 화분에 있는 채송화는 같이 라운딩하는 어릴적 친구들과의 순진하고 천진난만했던 어릴적 추억을 떠올리게 하고, 천일홍을 보면서 현재의 즐거운 순간이 불후, 불변하기를 희망하며, 봄의 전령사인 팬지는 우리를 사색에 빠지게 하며, 힘겨운 여름 폭염을 이기고 피는 베고니아는 수줍은 어린시절의 짝사랑에 대한 추억을 떠올리게 할 것이다.

또한 코스 법면에 만개한 금계국은 희망과 행복을 느끼게 해주며, 가을을 상징하며 만개한 코스모스는 순결 소녀를 떠올리게 하여 젊은 시절에 대한 회상을 하게 해 줄 것이다. 이렇듯 자생하는 화초를 활용하여 열심히 꽃밭을 가꾸고 화분을 관리하여 고객들은 골프장에서 과거 추억을 회상하고 또 다른 추억을 쌓고 절감된 예산은 코스 잔디 관리에 필요한 비료 등에 투자하여 더 좋은 잔디로 보상하는 등 절약과 집중을 통하여 골프장 경영을 최적화하고 있다.

금계국

채송화

영산홍

채송화 화분의 풀을 뽑고, 솎아내고, 다른 화분에 옮겨 심고~~~
야생에서 자생하는 채송화로 예산은 아끼고, 고객들은 추억과 감동을!!!

코스에 만발한 야생화들~ 금계국, 코스모스, 샤스타데이지, 영산홍, 황매화….

제6장
투명하고 합리적인 관리 및
경영으로 최대수익 창출

1. 공티 최소화를 위한 전 직원의 통합된 노력

1) 갑작스런 예약업무 공백(예약담당 부재 시)에 대비하여…

프런트 담당 ⇨ 경영팀장 ⇨ 총무과장 ⇨ 회계담당(구매담당) 순으로 예약 업무를 수행할 수 있도록 해당 직원들이 임시 예약 업무를 수행할 수 있는 충분한 직무교육을 실시하고 백업시스템을 구축하였다.

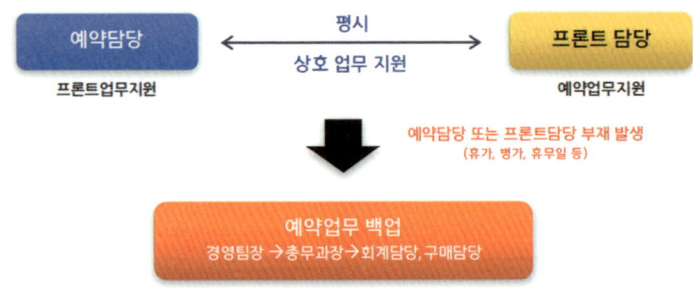

이러한 결과 예약담당의 업무부담이 상당히 경감되었으며, 모든 직원이 예약업무를 익힘으로써 고객 전화 상담 능력 향상, 공티 관리 효율 증대 등 티 운영에 큰 효과가 있었다. 또한 주무 담당 직원의 갑작스런 사고, 질병 또는 휴가 등으로 업무 공백이 발생하더라도 이중, 삼중으로 갖추어진 백업 인력을 통해 무리없이 예약업무를 수행할 수 있게 되었다.

2) 직원 모두가 예약담당이라는 생각으로!!!

골프장 예약업무가 매출에 가장 큰 영향을 준다는 것은 누구도 부인할 수 없을 것이다. 따라서 이러한 예약업무의 공백을 최소화하고 영업성과를 제고하기 위해 총무과 직원들의 예약업무 직무교육을 통해 확보된 능력을 활용하고 있다. 총무과 직원들은 예약업무에 대한 직무교육 및 대행업무 경험을 통해 알게 된 지식으로 고객 전화 응대, 취소 티 발생 시 조치 등 업무를 충분히 수행할 수 있게 되어 예약담당이 통화 중이거나 부재중일 때 고객 전화를 대신 받아 간단한 업무를 처리해 주거나 필요시 예약담당에게 중계해 주는 등 고객 서비스가 향상되고 예약담당의 부담도 크게 경감되었다. 또한 응급 환자 발생, 경기과 긴급 지원, 화재 예방 점검, 보안 점검 등을 위해 편성된 사무실 마감 근무자가 고객 전화를 받고 안내하며, 취소 티 발생을 추적하여 처리하는 등 예약 업무를 부가적으로 수행함으로써 공티를 줄이는 효과와 고객 서비스 향상 효과가 있었으며, 이는 매출의 향상과 고객의 골프장에 대한 만족도 향상으로 이어졌다.

3) 갑작스런 현역 운동금지로 당일 전체 공티를 해결한 사례

24년 6월 9일 새벽 01:13분 전화벨이 시끄럽게 계속 울렸다.

38년을 최전방 지휘관 및 작전 분야에서 항상 긴장과 함께 근무한 경험을 비춰볼 때 새벽에 전화 오는 것은 북한의 도발 상황이나 사고가 발생한 경우가 대부분이기 때문에 불길한 예감을 느끼며 조심스럽게 전화를 받았다. 예상했던 대로 "북한의 미사일 발사로 주말 현역 운동 금지"로 부대 경기가 취소되고 일반경기로 전환하라는 지시였다. 통상 현역 운동 금지는 늦어도 하루 전에는 결정되어 지시가 하달되는데 이번 경우처럼 새벽에 갑자기 현역 운동 금지는 처음이었.

'위기를 호기로 인식'하고 주말 황금 시기에 일반경기로 전환되면 골프장 영업이익을 올리는 절호의 기회로 인식하여 전역량을 총동원하여 집중하기로 결심하였다.

1. 경영팀장, 예약담당 및 프런트 담당에 출근 지시
   ⇨ 새벽 1시41분경 경영팀장을 시작으로 순차적으로 업무 복귀
2. 첫 티 시간을 06시 ⇨ 07시11분으로 최대한 지연 편성
   ※ 공티 접수 시간 1시간 10분 추가 확보
3. 새벽 2시 예약 접수 안내 문자 발송 완료
4. 2시 이후 경영팀장과 프런트 담당 전화 대기
   ※ 전화문의 고객 중 즉시 접수를 희망하는 고객 선착순으로 확정 처리
5. 예약 담당은 경영팀장과 프런트 담당이 접수한 고객의 티 시간이 중복되지 않도록 할당하여 확정 후 고객 안내

관련 직원들과 온 정성을 다해 총력을 기울인 결과 지시받고 예약 접수까지 4시간 30분 만인 첫 티업 30분 전 06시 30분에는 편성된 모든 티를 채웠다. 특히 영업이익을 위해 평상시 주말 티 편성 시보다 추가 편성하여 휴일 평균 매출의 3배에 해당하는 높은 영업이익을 달성할 수 있었다. 사령부에서는 "창공대 체력단련장만 유일하게 공티가 없다."면서 어떻게 그렇게 빨리 공티를 채울 수 있었는지 감탄하였다.

특히, 사장으로서 기분이 매우 흡족했고 직원들이 짧은 시간에 위기의식을 갖고 내가 골프장 주인이라는 생각으로 영업 수입을 최대로 올리기 위해 시기적절한 신속한 판단과 조치로 좋은 결과를 내었던 것 같다.

그동안 직원들과 열린 경영을 한다는 생각으로 직원들 스스로 상황을 판단하고 능동적으로 조치할 수 있는 능력을 배양하는 데 중점을 두었던 것이 큰 효과가 있었던 것 같다.

또한 놀라웠던 것은 새벽 2시 심야에 문자를 보내기에 부담감이 있었을 텐데 의외로 고객들이 예약 신청을 위해 전화를 많이 하고 문의하여 생각보다 많은 티를 조기에 채울 수 있었다. 긴급상황에 우수하게 대처한 경영팀장에게는 인사사령관 표창을, 책임감을 갖고 주어진 업무를 성실하게 수행한 예약담당자 및 프런트 담당자에게는 사장 표창장과 포상금을 수여했고, 경영팀장은 별도로 사장이 특별 포상금을 주는 등 그들의 모범사례를 전파하면서 격려하였다.

4) 눈, 비, 안개 등 악 기상예보 시 고객들의 선택제 운영 강요에 대처

과거와 다르게 스크린골프장과 파크골프의 성행으로 약간의 눈이나 비, 안개 등 기상이 조금만 좋지 않아도 라운딩을 안 하려고 하는 추세이다 보니 고객들로부터 선택제 운영을 강요받는 실정이다. 따라서 기상청 예보대로 판단하여 운영하다 보면 도저히 골프장 영업을 할 수 없는 것이 현실이다. 따라서 우리도 기상청 예보와 지형에서 오는 지역적 특성, 과거 사례 등을 토대로 자체 분석을 해야만 했다. 오랜 기간 현 지역에서 근무했던 직원들의 경험과 판단을 종합하여 신중하게 선택제 및 휴장을 결정하고 있다. 또한 고객들의 문의에도 객관적인 데이터를 제공하여 안내하는 등 그동안 이러한 노력이 골프장 공티를 최소화하는데 큰 기여를 하고 있다.

2. pin point 기상예보를 통하여 실시간 제공

장마기나 동계 폭설 및 한파 시에는 단순 하늘만 쳐다보고 있는 것이 아닌, 군 생활 중 기상을 최우선으로 고려하여 작전을 수행했던 경험과 직원들의 의견 등 복합적으로 분석한 후 Pin Point의 기상예보를 제공하여 선택제 및 휴장 여부를 신속히 판단 예약담당자(프런트)가 기상정보 및 운영방침 안내를 자신 있게 할 수 있고 노쇼 방지로 영업이익을 창출할 수 있었다.

골프장에 영향을 미칠 수 있는 기상현상 발생 예상시 중(초)단기 예보를 직원 단체 대화방을 통하여 적시에 제공함으로써 전 직원이 업무 활동이나 계획을 공유하여 통일된 기상종합경영을 할 수 있다.

그러므로 골프장의 당일 경기 운영부터 코스, 예약, 영업, 안전, 인력, 구매, 시설관리, 환경미화 등 기상현상의 영향을 받는 전 부문에 대한 경영예보도 동시에 제공함은 물론 기상예보를 통하여 지속적인 영업이익 증대효과를 충분히 배가시킬 수 있다.

3. 주기적인 경영성과 분석을 통한 예산 운영계획 수립 및 투명한 결산

1) 경영 목표 달성을 위한 연간 예산 운영 계획 작성

전년도 영업이익 결산을 통해 영업장의 1년 동안의 수입과 지출을 명확히 분석하여, 다음 해의 연간 경영 목표를 작성한다.

또한 월(연)간 정확하고 투명한 예산결산을 통해 수입과 비용의 흐름을 주기적으로 점검할 수 있도록 결산시스템을 갖추고 있다.

재고자산 관리는 매월 재고조사를 통해 물품의 부족함이나 상태의 이상 유무를 확인하고 매년 재물조사를 통한 물품의 가치평가를 통해 폐기나 보충 계획을 수립할 수 있도록 하였다.

- 일일 단위 예산결산

매출 결산은 골프장, 연습장 등에서 발생하는 수익금은 ① 각 영업장 담당자가 일일 단위 매출 결산 후 ② 회계담당이 검토하고 종합하여 일일 회계표를 작성하고 이를 ③ 총무과장이 1차 검토하고, ④ 최종적으로 경영팀장의 검토를 거쳐 ⑤ 사장에게 보고한다.

- 주간 단위 수입금결산

회계 담당은 주간 단위로 카드수수료를 제외한 주간 수입금 내역을 종합하여 결산한 후 총무과장, 경영팀장의 검토를 거친 후 사장에게 보고한다. 주간 결산은 일일결산의 정확성을 확인하고 수정하기 위해 꼭 필요한 절차이다.

- 월 단위 회계결산

경영팀장은 매월 재정 정보시스템에 등록된 회계 결산 내역과 상호 교차 검증하여 사령부에 검산 결과를 보고하는 등 매출 결산에 대한 정확성을 확인하는 시스템을 구축하고 있다. 월말 결산은 1년간의 골프장의 운영 및 수익 동향을 분석하기 위한 자료로 정확하고 투명하게 정리되어야 수입과 비용의 흐름을 추적할 수 있고, 앞으로의 계획을 세우기 위한 데이터로 활용될 수 있다.

2) 예산 운영

예산 운영은 주기적으로 5단계의 투명하고 명확한 결산체계를 구축하여 수입과 지출에 있어서 한 치의 오차가 없도록 하였으며, 이를 통하여 각 부서에서 소요제기된 예산에 대해 연간 계획서 반영 여부, 소요판단의 적절성 및 시급성 등을 판단하여 집행계획을 수립한다.

특히 부임 초창기에 물품 반입 시 검수 및 입회를 제대로 하지 않아 하자품이 반입되는 사례가 있어서 다중확인 체계를 구축하여 실시하고 있으며 ① 1차는 예산 지출 주무 책임자인 구매 담당, 시설 담당, 장비 담당이 ② 2차는 직접 물품을 사용하는 담당 직원이 ③ 3차는 타 부서 직원을 물품 확인관으로 일일명령으로 임명하고 ④ 경영팀장이 물품관리관 임명 신고와 검수 관련 교육과 각자에게 임무 수행 브리핑을 받는다. ⑤ 총무과장과 경영팀장은 예산집행 전 소요제기, 업체의 선정 과정 및 검수를 철저히 확인 후 결과를 사장에게 보고한다.

팀장들과 경영성과를 분석하고 향후 추진 방향을 토의하는 모습

4. 구매담당의 발로 뛰는 업무

사장 부임 후 구매 담당을 통해 기존 고정 거래업체의 거래 실태를 조사한 결과 거래처의 제품이 다른 업체보다 품질이 뛰어나지 않음에도 더 많이 청구하는 등 폭리를 취하고 있었다. 이러한 현상은 구매담

당의 탁상행정으로 빚어진 과오로 이를 해결하기 위해 시장조사를 다시하여 모든 거래처를 최적의 업체로 바꾸었고, 구매담당은 주기적으로 견적조사를 하여 거래업체가 골프장으로부터 폭리를 취하지 못 하도록 시스템을 구축하였다.

또한 회사의 원가관리 책임을 구매 담당 혼자에게만 전담을 시키면 자칫 권력을 만들어 주고, 그 권력은 부정을 낳을 수가 있으므로 구매담당은 주기적으로 보직을 조정하였고, 총무과장과 경영팀장이 검토하는 시스템을 구축하였으며, 결과는 사장에게 반드시 구두 또는 서면보고 하도록 하였다.

5. 예약의 공정성과 투명성으로 윤리경영 실현

예약은 철저한 기준과 원칙으로 공정하고 투명하게 골프티를 관리한 결과 예약 신청률도 150% 증가하는 성과가 있었다.

예약 편성은 일일 단위 정회원과 준 회원, 비회원 티 배정 비율을 철

관련 직원과 골프팀 편성 관련 토의

저히 준수하고 있으며 사장에게 직접 보고 및 결재한 후 공개한다.

　골프티 운영은 사장 주관하에 경영팀장과 경기과장 예약담당자 등 관련 직위 근무자와 계절별, 시기별 편성 팀수 및 시간에 관련된 사항을 종합토의 후 계획을 수립하여 결정한다. 예를 들면 하절기에는 남는 일조시간을 활용하여 정규 18홀에 추가하여 조조 9홀 추가 운영하여 수입 증대에 기여하였고, 혹한기에는 고객의 예약률이 가장 높은 시간대에 1부 ○○팀만 편성하여 인건비와 에너지 절감 등을 통한 효율적인 운영을 하고 있다.

　골프장 경영의 핵심인 회계담당자, 구매 담당자. 예약업무 담당자는 사장 부임 후 투명하고 공정하면서도 우수한 직원을 선발 보직하여 업무를 수행토록 하였으며 주기적인 직무교육을 통하여 업무수행 능력을 배양토록 하고 있다.

6. 에너지 절감을 통한 예산 절감 노력 (전기, 수도 등등)

　매년 전력 요금은 상승하고 그린 에너지 정책에 따라 에너지 절감 활동을 활발히 시행하고 있다. 심야전력 활용, 고효율 기기 도입 및 시행 등 수 많은 노력에도 불구하고 에너지비용은 크게 줄어들지 않는 게 현실이고 이에 물음을 던진다.

　어떻게 해야 에너지 비용을 줄일 수 있는가? 상황을 고려하지 않고 무조건 부하를 줄여 에너지를 절약할 수 없다는 것이 현실이다.

　그러면 어떻게, 어떠한 방법으로 에너지를 절감해 나갈지에 대한 대안을 골프장에서는 다음과 같이 적용하고 있다.

체계적인 에너지 관리를 위해 현재 사용하고 있는 에너지원별, 설비별 계량기를 설치하여 사용 현황 파악을 우선으로 현장실사를 진행하고 정확한 진단 후 에너지 절감 포인트 선정 및 충분한 협의를 통해 에너지 절감 계획을 수립 및 실행한다.

에너지 절감을 위해 주변에서 가장 쉽게 접근할 수 있는 조명기기를 LED로 우선 총 60개를 교체하였고, 심야 전력 활용, 격등, 빈 사무실 냉·난방기 및 조명 끄기 등 구성원에 의한 에너지 절약시도 등 골프장 내에 에너지 절약을 위한 다양한 방법을 적용하였다.

7. 인건비 절약을 위한 노력, 불필요한 인력 구조 조정

회사나 조직에서 문제가 발생할 시에는 무엇을 혁신하고 개혁하려면 생각을 바꾸든지, 사람을 바꾸면 된다! 바꾸는데 있어서 회사가 가고자 하는 반대 방향에 있는 사람이거나 회사가 가고자 하는 순간에 이탈해 있는 사람의 제거다. 예를 들면, 업무를 소홀히 하고 서로 미루고 갈등이 있는 직원 모두를 새로운 보직으로 선환 또는 희망퇴직하고, 대신 기간제 근로자 채용을 2명 줄여 인건비를 절약했다. 사람을 줄임과 동시에 T/O를 아예 없애고 능력 있는 직원으로 보직을 부여하니 업무의 능

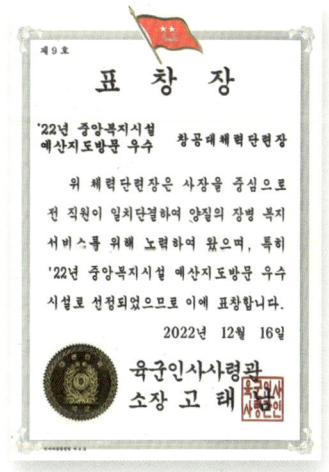

률이 급상승하는 효과가 있었다. 그러나 변화와 혁신은 언제나 혼자 할 수 없고 회사발전을 위해 같은 생각과 행동 그리고 고민을 함께 할 인물, 즉 한 방향 동시에 수행해야 할 믿을 수 있는 진정한 파트너가 필요하다. 그 몫은 오로지 오너의 진정한 리더십에서 발휘된다.

8. 연습장 운영체계 개선을 통한 영업이익 증대 노력

최근 스크린골프와 파크골프장의 성행으로 첫 번째로 타격받는 것이 골프연습장이다. 특히 여름과 겨울철 폭염과 한파로 고객을 유치하는데 어려움을 겪고 있다. 깨끗하고 비거리가 긴 좋은 연습장 시설을 갖추어도 무더위와 추위는 실외 골프연습장 운영의 아킬레스건이다. 이에 대응하기 위해 연습장 이용고객에 천연잔디 퍼팅연습장을 제공하고, 투광등을 밝은 LED로 전면 교체하였으며, 여름철에는 그늘 차양막과 선풍기를 겨울철에는 히터를 설치하고, 비수기에는 파격적이고 다양한 요금 할인 행사를 통해 고객을 유치하려 노력하고 있다. 이렇게 유치한 고객을 단골로 만들기 위해 직원의 친절, 편안한 휴식 공간, 친근하고 정감있는 분위기를 전략으로 사용하고 있다.

또한 골프연습장은 안전망 교체, 인조잔디 교체 등 대규모 재투자비가 소요되며, 높은 철탑으로 구성되어 보수공사시 대규모 비용이 소요되는 시설이다. 특히 강풍과 폭설, 집중호우로 인한 피해 예방에 주의해야 한다. 강풍, 폭설, 집중호우로 인한 와이어, 안전망 등의 파손, 지하 기계설비 침수 등이 발생할 경우 막대한 보수 비용이 투자되어 영업이익을 낼 수 없기 때문이다.

제7장
친환경적 골프장 조성, 최적의 그린 및 코스 관리

1. 코스관리에 종사하는 사람은 전문적인 기능과 기술을 갖춤은 물론 성실하고 책임감이 강하여야 한다

골프장은 다름 아닌 골프 플레이를 하는 장소이고, 골프플레이는 골프코스에서 하기 때문에 Green tee, Fairway, Bunker등 코스를 구성하고 있는 모든 요소를 가장 중요한 관리대상이며 이렇게 중요한 코스관리를 관리하는 주체인 코스관리요원은 그 어느 부서보다도 중요한 역할을 담당한다.

그래서 팀장 포함 직원 4명 보직 조정, 타 골프장 견학, 직원 워크샵, 전문성구비 노력 등 골프코스는 자연의 아름다움을 보존하는 것에 그치지 않고 골퍼에게 그 땅 전체를 감상할 수 있게 하며, 풍경에 어울리게 조경하여 골퍼의 시야를 집중시키며 자연의 아름다움을 한층 더 보강했다.

2. 잔디는 골프장의 생명이며 상징이다

우선 고객이 가장 민감하게 반응하는 곳이 쾌적성과 경기력 향상에 직결되는 그린 및 페어웨이 잔디 관리상태이며 작게는 오늘 골퍼들의 수준을 좌우하는 변수가 되고, 크게는 그 골프장의 수준이 어떠한지 가늠하는 중요한 기준이 잔디의 관리상태이다.

특히, 그린은 골프장에서 가장 중요한 곳이며, 골퍼들에게 가장 흥미로운 존재이며 골프 라운드에서 경기력에 가장 큰 영향을 미치는 곳으로 그린 관리에 세심한 관심이 필요하다.

지난해(24년) 여름 폭염, 장마와 가뭄 등 이상기후로 인해 피해 조짐이 있어 일찌감치 잔디 생육에 적합한 시비와 시약, 언제든지 보식할 수 있는 임시그린(2개소)을 만들어 잔디보식 등 관리를 3월부터 5월까지 집중적으로 코스관리를 선제적으로 하여 흙이 안 보이는 잔디에 목표를 두고 관리를 한 결과 상급부대와 고객들로부터 좋은 평가를 받은 것 같다(24년 7~8월 폭염일수 27일, 열대야 25일, 강우 720mm 발생).

3. 기상 예측을 고려한 "연간 코스 관리 계획표"에 의한 코스관리

코스팀장은 매년 말 차기 년도 "연간 코스 관리 계획표"를 계절별 시기별 수립하여 코스관리 담당자들과 1차 토의 후 최종 사장과 합동토의 후 결정한다. 그린 및 페어웨이 관리, 시비 및 시약, 벙커 보수, 급수 관리, 씽크 홀 보수, 맹 암거 설치, 코스 진출입로 보도블럭 작업 등 관리 개선 작업을 도출하여 관리계획에 반영하여 작업을 하며 빈도는 "연간 코스 관리 계획표"를 기준으로 실시하되 기상 조건 등 잔디 생육환경의 변화에 따라 부서장의 판단에 따라 사장 보고 후 유동적으로 실시한다.

연간 코스 관리계획에 의거 월산, 주간, 일일 업무 계획을 구체적으로 수립하여 계획에 의한 코스를 관리하고 정기적으로 분기, 반기 단위 사장 주관하에 코스관리 향상방안(기상 예측, 현실태 및 문제점, 타 골프장 견학 결과, 개선방향 등)에 대해 관련자와 집중적으로 토의하여 연간 코스 관리계획에 추가 반영하여 실시하고 있다.

일일 단위 업무추진에 있어서, 코스팀장은 작업 전날에 미리 작업자를 지정하고 해당 근무자에게 장비 가용여부를 확인 및 점검하여 작업시 지연되지 않도록 한다.

특히, 그린 및 페어 예지 담당자는 티업 1~ 2시간 전에 회사에 출근하여 작업현장에 배치되어 임무를 수행함과 동시에 당 골프장에서 금일 현장에 가장 먼저 투입되는 직원으로 주변을 세심하게 관찰하고 코스 이상 유무(병충해 발생 여부, 이상징후, 특이사항 등)를 가장 먼저 코스팀장에게 보고한 후 조치한다.

예지 작업 완료 후에는 예지물을 지정된 장소에 배출하고 지침서에 준하여 장비의 래핑을 완료 후에는 연료를 반드시 충분히 보충하여 다음 날 작업에 차질이 없도록 하며 작업 중 기계 관련(차량 및 장비) 이상유무는 코스팀장(장비 과장)에게 보고하여 조치를 받을 수 있도록 한다. 이 모든 부분이 끝나고 다른 작업 배치가 있을 시(디보트 모래 보충, 그린 배토 등) 작업을 수행하고 오후 14:00 전후 퇴근한다.

4. 계절별, 시기별 맞춤형 코스관리

1) 봄철 그린 및 페어웨이 갱신작업으로 잔디활착에 노력

봄철은 그린 및 페어웨이 잔디의 색상이 녹색으로 변하며 생육이 시작될 때로 상당히 중요한 시기이다. 골프코스 관리자가 일 년 중 가장 노심초사하는 시기이기도 하다. 그린의 표면 토양경도에 따라 예지와 롤링, 스위핑, 배토, 약제 살포, 시비 등의 작업이 그린의 잔디 생육에 따라 시행된다.

봄철의 관리 중 빼놓을 수 없는 그린 관리 작업은 그린 에어레이션

▲ 봄철 잔디관리가 일년을 좌우한다.

(통기,갱신)작업이다. 늦가을과 겨울철에 수없이 많은 답압으로 딱딱하게 뭉쳐 공기가 통하지 않는 토양에 기계작업을 하여 통기와 갱신이 동시에 이루어지는 행위로, 그린관리 작업 중에서 최고로 중요한 작업이며, 잔디의 생육이 가장 왕성한 시기에 관리작업을 시행하는 것이 보통이다.

페어웨이 관리작업은 버티컬 및 스위핑 작업으로 잔디면으로 수직으로 잘라주고 죽은 잔디와 예지물을 제거하여 잔디의 원활한 생육을 도모하고 새로운 뿌리 활착을 위해 실시한다.

7장 _ 친환경적 골프장 조성, 최적의 그린 및 코스 관리   155

2) 하계 폭염, 장마 시 최상의 코스 관리를 통해 골프장 정상 운영에 노력

하계에는 폭염(가뭄)과 장마 등으로 그린 및 페어웨이 등 최상의 잔디관리를 위해 전 직원이 온 정성을 다해야 하는 시기이다. 특히, 매년 기상 전망을 예측하여 이상기후로 인해 피해 조짐이 있다고 판단되면 선제적으로 그린 에어레이션 및 시비, 관수로 그린 잔디 손상을 최소화하기 위해 전 직원이 코스 관리에 집중하였다.

일부 손상된 그린 잔디가 식별 시에는 코스담당자는 새벽이나 늦은 밤까지 그린이 정상 복구될 때까지 책임지고 임시그린 잔디를 활용하여

▲ 가뭄, 폭염기간 가장 중요한 관건은 급수관리

그린 잔디 부분 보식은 물론 그린 핸드 씨앗 파종기를 사용하여 부분 씨앗 파종 등 손상된 그린 잔디에 대해 끝까지 복구시키기 위해 최선의 노력을 한다. 그린 엣지에 바랭이를 포함 잡풀을 제거 후 잔디로 보식하여 엣지 플레이를 저해하는 요소를 제거하고 그린 외곽을 개선하였다.

- 임시그린을 조성하여 언제든지 잔디 파종 여건 조성

4번 홀 사용하지 않은 Teeing Ground와 연습장 공터를 활용하여 2개소 임시그린을 조성하여 장마, 혹서기 등 이상기후로 그린 잔디 훼손 시 임시그린 잔디를 활용하여 언제든지 실시간 즉각 복구할 수 있는 시스템을 만들었다.

3) 가을에는 월동준비와 동계 홀컵 설치

동절기에 그린의 일부 지역 집중 사용으로 인한 그린의 손상을 방지하고, 그린 동결시 홀컵 교체의 편의를 도모하여 원활한 플레이 진행을 유도하기 위하여 동계 예비홀컵을 설치하며, 병행하여 그린 상태를 점검하기 위해 실시한다. 동계예비홀컵의 설치시기는 연간 코스관리계획표상의 그린 관리계획 의거 실시하며 동계예비홀컵 설치는 한 그린 당 8~10여 개를 설치한다.

작업 완료 후 실제 사용할 시 잔디 보호를 위해 골고루 사용하도록 하며 홀 구멍은 좌우로 회전을 주어 가며 뚫고 반드시 수직이 되도록 한다. 작업자는 작업 송료 후 작입량, 작업한 곳, 이상 유무를 코스팀장에게 보고한다.

워터 해저드(2홀, 7홀)에 부들은 춘·하계 고객들에게 아름다움과 기쁨을 주지만 늦가을부터 많은 포자가 날려 페어웨이와 그린에 쌓여 고객 라운딩 시 많은 영향을 주고 호흡기 질환을 일으킬 수 있어 부들

포자가 날리기 전에 부들을 제거하여 워터 해저드 주변 환경 개선 및 고객 운동 여건을 보장했다.

4) 동계 강설시 골프장 정상운영에 노력

골프장을 경영하면서 보람도 많고 여러 가지 어려움도 있겠지만 그 중 동계 폭설에 대한 악 기상이 대응하기가 가장 힘든 것 같다. 전 직원을 포함 가용장비를 총동원하여 짧게는 1일 길게는 5일 동안 제설작업으로 휴장을 해야 되고 눈 덮인 그린, 페어의 제설작업을 신속히 하여 고객들에게 정상적인 Play 가능한 Area를 확보하여 동계 폭설에도 최대한 영업이익을 창출해야 하는 어려움이 있다.

이를 최대한 극복하기 위하여 전날 일기예보를 보고 눈이 내릴 것이 예상되면 출근 가능 인원을 파악하

여 눈의 종류에 따라서 제설작업 투입 인원을 탄력적으로 적용하여 첫 티 티업 2시간 전에 비상 소집한다.

싸락눈의 경우 기온이 너무 낮아 내리는 동안 녹거나 얼어도 바람이 불거나 건조하여 증발하는 경우도 있어 휴대용 브로어로 쉽게 불 수 있다고 판단 코스팀이 전담하여 제설작업을 한다. 단 싸락눈이라 하더라도 적설량이 3~4㎝의 눈이 쌓이면 골프공(직경4.1㎝)의 2/3가 묻혀 공을 찾기 어려운 경우에는 경영팀에서도 일부 지원하여 제설작업을 한다. 이때 경영팀 포함 제설작업 인원 통제는 코스팀장이 한다.

함박눈의 경우에는 눈이 그칠 때까지 기다린 후 소강상태가 되면 팀별로 책임 구역을 할당하여 전 직원을 포함 장비를 투입하여 제설작업을 실시한다.

이때, 경영팀은 창공코스 6번홀 부터 9번 홀까지 담당하고 경영 팀장이 통제한다. 코스팀은 웅비 코스 1번 홀부터 5번 홀까지 담당하고 페어웨이 작업은 브러쉬+Steel mat 활용 전 지역을 순차적으로 실시하고 코스팀장 통제하에 제설 작업을 실시한다.

눈과 비가 함께 내리는 진눈깨비의 경우에는 눈의 무게에 의해 붕괴가 예상되는 장소부터 최우선으로 제설작업을 한다. 고객들의 쉼터인 티 그라운드 파라솔과 몽골텐트, 연습장 그물망 등은 눈 내림과 동시에 넉가래를 활용 실시간으로 제설작업을 계속한다.

- 제설작업은 구역에 따라 제설작업을 한다.

Green 제설은 개인 제설 도구와 휴대용 브로어+자주식 그린 소형 제설기, Tee Ground 제설은 인력, Fair Way 제설은 제설장비, 작업차+Steel mat, 카트 도로 및 진입로 제설은 대형 부로어 및 F/W 제설 장비를 투입하여 작업을 하고 작업이 완료되고 영업이 이루어진다고 하여도 진입도로 상습 결빙지역에 대해서는 염화칼슘을 포설하거나 브러쉬 작업을 하여 고객이 이동 간에 빙판으로 낙상하지 않도록 하고 Green 작업 시 도구 사용의 미숙으로 인한 Green 손상을 최소화하기 위해 숙달자들의 사전 교육 후 제설작업을 시행한다.

제설작업 순서는 ①진입로 ②카트 이동로 ③그린 ④티잉 그라운드 ⑤페어웨이 순이나 능력 범위 내에서는 동시에 할 수 있다.

염화칼슘은 카트 이동로 상 위험지역인 급경사 지역 위주 소량으로 살포하고 염류가 쌓이지 않도록 경사를 개선하여 배수시설이 잘 되어 피해가 없도록 하였다. 또한 경사진 이동로 및 결빙이 예상되는 지역 구간마다 월동준비 기간에 제설 모래주머니를 4개소(100 마대) 제작 설치하여 결빙 시에 조기 출근한 경기진행요원과 코스 팀 직원에 의한 모래를 신속히 살포하여 결빙으로 인한 안전사고를 예방토록 했다.

5. 매년 반복되는 땅 꺼짐 자체 복구

시설공사 단계에서의 부실한 마무리가 시간 경과에 따라 싱크홀이 빈번하게 발생하고, 특히 비가 온 후에는 맨홀 주변 우수관로 누수 및 지반침하로 싱크홀이 집중적으로 발생하여 고객의 안전에 많은 영향을 주고 있다. 따라서 우천 시에는 수시로 현장 순찰 및 임시 안전조치를 하는 등 즉각적으로 대응하고 있으나 근본적인 해결이 필요하여 지역 유관기관과 골프장 자체 씽크 홀 복구공사를 하였다.

1) 1번 홀 좌측 법면 농수로 대형 땅 꺼짐 발생(22년 10월 14일)
- 싱크홀 발생 지역

1번 홀 좌측 법면 지역으로 코스 법면 유실 위험성이 많은 지역이며 코스관리동 앞 비닐하우스 내 분리수거장의 파손으로, 비닐하우스와 분리수거장 사용이 불가능한 지역이다. 특히, 유류고, 물품보관창고, 차량 세차장과 외곽경계 울타리(철망)에 근접한 지역이며 공사를 빨리하지 않으면 씽크홀 구간이 계속 확장되어 코스팀 직원 및 장비 이동 간 씽크홀에 빠질 위험성이 있는 중요한 지역이다.

※ 씽크 홀 발생 구간 : 길이 약 15m, 폭 약 1~2m, 깊이 약 1~1.5m

- 싱크홀 위치

골프장에 위치하고 있으나 지역주민이 사용하는 농수로로 논산지부 농어촌공사 담당 지역이고 부대를 통과함과 동시에 외곽경계 지역이 포함되어 군부대인 항공학교 담당, 골프장 코스관리동 지역으로 창공대 골프장과는 직접적인 영향을 받는 특이한 지역으로 3개의 유관기관 모두 포함되나 씽크홀 공사관련 책임은 서로 회피하는 실정이었다.

- 씽크홀 공사를 위한 관계자 토의

씽크홀 공사를 위해 농어촌공사를 포함 유관기관에 전화 및 공문을 2차례 발송하였으나 우리 책임구역이 아니라고 답변하여, 코스팀장이 직접 유관기관을 3회에 걸쳐 방문하여 씽크홀 사진을 보여주며 현장에 방문해달라고 여러 차례 설득하여 결국 현장을 방문하게 되었다.

- 1차 현장 토의(담당 실무자) : 농어촌공사 실무자, 코스팀장

농어촌 측	부대 내 설치된 농수로로 부대나 골프장에서 공사하는 것이 타당하고 농어촌공사와는 관계없다고 주장
골프장 측	농수로로 골프장 운영에 지장이 없어 공사할 수 없다고 강조

- 2차 현장 토의(담당 실무자):농어촌공사 실무자, 부대측 실무자, 코스팀장 등

농어촌 측	농어촌 공사에서 공사할 의무가 없다고 재차 주장하며 회피

부대 측	농수로로 부대와는 상관없는 지역이므로 공사할 수 없다고 주장
골프장 측	농수로로 골프장 운영에 지장이 없어 공사할 수 없다고 재차 강조

- 3차 현장 토의(주요 핵심 관계자) : 골프장 사장, 농어촌 공사 팀장, 부대관계자 등 9명

골프장 사장	a. 골프장 경영에는 지장이 없으므로, 농어촌 공사 측에서 문제가 없다면 "자체 장비를 투입하여 매립해도 되겠습니까?" 문의 함. b. 씽크홀 발생지역은 골프장에 많은 위험성이 있고, 홀 법면 붕괴 우려 등 빨리 복구하지 않으면 씽크홀이 더 크게 확장되고 특히, 장마철이 되면 더 심각하다고 재차 강조
농어촌공사 팀장	a. 씽크 홀 발생지역을 완전히 매립하면 지역주민들이 농사를 지을 때 많은 영향이 있다고 함 b. 복귀 후 검토해서 조만간 답을 주겠다고 함

- 4차 현장 토의(담당 실무자) : 논산시 및 노성면 농어촌 관계자, 코스팀

골프장 측	조사 결과를 빨리 알려 줄 것을 재차 요구
농어촌공사 실무자	논산시 노성면 일대 농업용 용수를 공급하는 시설로 매립 시 큰 문제가 발생함으로 자체 추가 조사 후 결과를 알려주겠다고 함.

    이후 농어촌 공사 담당 실무자와 직접 작업할 관계자 등 3회에 걸쳐 씽크 홀 현장을 방문 조사한 결과, 논산시 노성면 탄천으로 노성면 일대 농업용 용수를 제공하는 중요한 지역으로 창공대 체력단련장 코스 관리동 앞 씽크 홀 공사를 농어촌공사가 주관하여 공사하는 것으로 결정하였다고 통보 받았다.

    농어촌공사 주관하에 농수로 대형 씽크 홀 공사를 실시하되, 골프장 측에서도 인원과 장비를 지원하고 간단한 식음료를 제공하는 등 원활한

함몰된 농수로 덮개

농수로 덮개 복원하는 모습

관계를 유지하며 씽크 홀이 발생한 이후 5개월이 지난 23년 3월 27일~4월 15일까지 약 3주 동안 씽크홀 길이 약 40m 구간 공사를 완료하여 농수로 기능 발휘와 골프장의 안전성과 고객에게 불편을 주지 않도록 완벽하게 마무리를 지을 수 있었다.

- 씽크 홀 공사를 통하여

지역 유관기관과의 평상시 원활한 유대강화의 중요성을 느끼는 계기가 되었으며, 추가적으로 코스관리동 앞 씽크 홀 공사로 인원과 장비의 안전성 확보는 물론 씽크홀 지역에 화단을 조성하여 골프장이 전체적으로 정리되고 깨끗한 환경을 조성하였다.

2) 2번 홀 외곽 도로 씽크홀 발생(24년 10월 18일)

- 씽크홀 발생 경위(추정)

2017년 항공학교 상수도 인입 공사 작업 간 2홀 워터 해저드로 들어오는 배수관을 건드리고 보수 없이 마무리하여 파손된 것으로 판단,

파손된 배수관에서 물이 흘러나와 씽크홀이 발생하여 2번 홀 페어웨이로 많은 흙탕물이 흘러들어와 잔디가 고사하는 현상이 발생하였다.

항공학교 실무자, 코스팀장 등 1차 현장 토의 시, 항공학교에서 씽크홀 복구공사를 해주는 것으로 요구하였으나, 항공학교에서는 상수도 공사 하자보수로 하기엔 시간이 너무 많이 경과하여 보수가 힘들고 골프장측에서 공사할 것을 주장하였다. 2차 토의 시 씽크 홀 지역은 항공학교 외곽 경계 순찰 도로로 항공학교에서 공사해 줄 것을 정중히 요청한 결과 항공학교 주관으로 씽크홀 보수 공사를 하겠다고 확답을 받았다.

씽크홀 발생 1개월이 지난 11월 17일부터 21일까지 5일간 항공학교 주관 공사를 완료하여 우천 시 흙탕물이 2번 홀로 흘러들어오는 것을 예방하였고, 페어웨이 방향으로 유실 위험이 있는 법면을 보강하여 잔디 발육에 많은 성과가 있어 고객들에게도 좋은 인상을 주었다.

특히 인근 부대와 평상시에도 원활한 협조관계를 유지한 결과 골프장과 연관된 공사지만 보다 더 쉽고 신속하게 마무리를 할 수 있었다.

3) 5번 홀 레이디 티 좌측 대형 씽크홀 공사

1차 싱크 홀 발생은 21년 11월 29일에 소규모로 씽크홀이 발생하여 자체 인력으로 보수하였으나 당시 보수할 때 소홀히 하여 재차 씽크홀이 발생하였고, 2차 싱크 홀 발생은 22년 9월 20일에도 우천으로 같은 장소에, 1차 때보다 더 큰 대형 싱크홀이 재차 발생(폭 4m, 깊이 2m의 씽크홀 형성)하였다.

5번 홀의 배수량을 판단했을 때 1,200mm 배관으로 공사를 해야 하므로 공사 소요가 너무 커서 자체 공사가 어려워 외부 업체에 공사 견적을 문의한 결과 2,000여만 원 이상 많은 예산 소요가 예상되었다.

그래서 군 현역 시절 진지공사를 포함 '無에서 有'를 창조하는 다양한 공사를 많이 한 경험을 기초로 수많은 현장 토의와 고민 끝에 자체적으로 공사를 하는 것으로 결심하여 추진하였다.

배관과 맨홀 내부에 많이 쌓여 있는 토사와 파손된 기존 배관을 인력과 장비를 투입하여 모두 제거 후, 페어웨이에서 맨홀로 흘러 들어오는 지역은 1,000mm 배관을 연결하였고 연결부는 벽돌과 시멘트로 완벽하고 튼튼하게 반영구적으로 마감하였고, 맨홀에서 워터해저드로 흘러 들어가는 지역은 1,200mm 배관을 연결하여 벽돌과 시멘트로 벽을 만들고 잡석을 활용하여 뒷부분을 방어벽 식으로 마감하였다. 맨홀에서 4번 홀 방향의 거의 기능이 상실한 저류지로 소규모 물이 흘러 들어가는 배수관을 차단하여 물이 누수되는 것을 차단하였

㉠1200mm 이중벽관 파손이 씽크홀 발생의 원인

보수 자재 반입

밖에서 바라본 맨홀 및 배관 보수하는 모습

고, 과거 복잡하게 공사한 맨홀 지역을 집중적으로 물이 들어오고 나가는 물길을 고려, 핵심 배수시설을 강화하여 차후 싱크홀 발생을 근본적으로 차단하는 공사를 하였다.

내부에서 보수하는 모습

- 5번 홀 씽크홀 자체 공사를 통하여

씽크홀 공사 간 소요된 예산은 배관 및 시멘트 등(벽돌은 자체 보유 중인 잉여 자재 활용) 포함 구입예산 약 200만원 정도 소요되어 약 1,800만원 정도 예산 절감의 성과가 있었다.

특히 가장 큰 성과와 보람은 골프장 근무직원들도 어느 정도의 파손된 공사에 대해 언제든지 우리도 자체적으로 직접 할 수 있다는 자신감을 가질 수 있는 좋은 기회였다.

4) 싱크 홀 공사 경험을 기초로 추후 발생한 많은 씽크 홀 자체 공사 실시

- 8홀 우그린 옆 맨홀 부근 씽크홀 공사

맨홀과 배관 연결부 마감 부분이 떨어지면서 토사가 유실되어 씽크홀이 발생하여 5번 홀 공사 후 잔여 벽돌과 시멘트를 활용하여 자체 보수 공사를 하였다.

- 9홀 IP 좌측 맨홀 씽크홀 보수

9홀 IP 좌측 맨홀과 배관 연결 부분 마감이 떨어지면서 토사 유실로 발생한 씽크홀 5번 홀 공사 후 잔여 벽돌과 시멘트, 우레탄폼을 활용하여 자체 공사를 하였다.

- 9홀 좌그린 옆 씽크홀 보수

최초 9번 홀 증설 공사 시 맨홀 마감을 합판으로만 덮는 등 부실 시공하여 씽크홀이 자주 발생, 벽돌과 시멘트를 활용하여 맨홀 마감 부분 보강하고, 잔디식재로 씽크홀 보수를 완료하였다.

최초 공사단계부터 부실한 마무리가 시간 경과에 따라 싱크홀이 빈번하게 발생하여 코스 관리에 어려움은 있지만, 골프장 직원들이 자체 공사를 통하여 신속히 복구하여 더 많은 토사가 유실되어 씽크 홀이 확장되는 것을 방지하는 것은 물론 예산도 많이 절감하고 우리가 했다는 직원들의 자존감과 소속감을 고취하는 좋은 기회가 되었으며 관련 직원에 대해서는 표창과 포상휴가 등으로 노고를 치하했다.

6. AI카트 집중 답압 지역 잔디 손상 최소화 대책강구

AI카트 이동로의 집중 답압으로 잔디 보식 등의 작업 소요가 많이 있고, 차단줄을 설치 동선을 변경하여 고객의 접근로를 제한하므로 경기시간이 지체되어 이동로 지역에 대해 부분적으로 보도블럭을 설치하여 이동의 편의성과 잔디 손상 최소화, 우천 및 강설시 질퍽거림 예방, 경기 진행 시간 단축 등의 효과가 있다.

각 홀의 진입지점과 홀아웃 지점 보도블럭 깔기 및 잔디 보식

카트 이동로가 없고 카트가 페어웨이로 들어가는 골프장 특성상 지속적인 카트 이동으로 차단 줄과 잔디 보호매트를 설치하고 답압 지역을 분산해도 잔디 고사 및 패임 현상이 지속적으로 발생하여 보도블럭 및 잔디 보호매트 시공으로 잔디 고사 및 패임 현상을 예방하고 카트 이동간 안전을 보장토록 하였다.

잔디 손상지역 차단 로프 및 보호망 설치 모습

답압이 집중되고 잔디 회복이 불가능한 지역은 보도블럭을 설치하여 관리

홀컵 위치도 수시로 변경하여 그린의 집중 답압 및 마모를 방지하고 경기 진행을 원활하게 하고, 퍼팅 quality를 향상시키기 위해 홀컵은 수시로 교체(평균 100~120명 기준 1회)한다. 홀컵 교체의 시기는 연중 실시하며 기상악화로 비가 오거나 잔디 생육이 불량할 때 교체 횟수를 코스팀장 판단 조치 후 사장에게 보고한다.

특히, 비가 올 때나 비가 그친 후 홀컵은 낮은 지역은 답압의 피해를 받기 쉬우므로 높은 지역에 설치하고, 그린 칼라 쪽으로 설치해서 밟고 지나가는 거리를 축소 시킨다. 교체된 지역에 골퍼가 균일한 퍼팅을 할 수 있도록 요철이 없게 세심한 배려를 해야 한다.

홀컵 교체 담당자는 홀컵 교체와 병행하면서 그린의 병 발생, 해충 발생 및 예지 상태, 볼 마크 수리소요 발생 등 코스 관리상태를 세심히 관찰하여 이상 유무 발생 시 신속히 코스팀장에게 보고하여 조치하도록 한다.

7. 장비 100% 가동상태 상시 유지

1) 장비 사용 가능한 상태 유지는 사전 예방정비를 완벽하게

운용중인 장비를 사용 가능한 상태, 안전하게 작동, 그리고 사용 목적에 맞도록 형태을 유지시키기 위한 정비 활동은 검사, 수리, 재생, 개조, 저장, 시험, 상태분석 등을 수행하는 것만이 아니고, 사전에 완벽한 정비 계획을 수립하여 예방정비를 수행함으로써 고장 정비를 감소시키고 장비를 안전하게 활용할 수 있도록 한다.

정비 담당자는 매년 11~12월경 차기 년도 '연간 차량 및 장비 정비 계획표'를 수립하고, 연간계획에 근거하여 월간, 주간, 일일 정비 계획을 작성 코스팀장 검토 후 사장에게 보고한다.

2) 장비사용 전·중·후 일일 점검은 필수

차량과 장비 사용 전 점검은 장비사용을 위해 시동 전에 장비의 전반적인 외부상태, 연료, 유압유, 윤활유 및 냉각수, 엔진오일, 브레이크 작동 등 안전 및 기본 작동 상태를 점검한다.

장비 사용 중 점검은 장비를 시동하여 사용하는 중에 장비 고장이 발생시 작동을 잠시 중단 후 점검 후 가용한 대체 장비가 있으면 대체하여 정비를 실시하고 대체 장비가 없을시 긴급 정비로 작업이 가능하도록 유지 관리한다.

장비를 지원하기 위해 정비고에서 당일 운영 직원에게 장비 과장은 사용자에게 장비 사용 전 주의사항 및 작동 요령을 교육하여 오작동에 의한 장비 고장을 최소화한다. 장비사용 후 장비 정비반으로 입고하기 전에 사용자는 코스관리 일지에 운행 결과를 작성하고 코스팀장(장비 담당자)에게 장비사용 간 장비 상태 이상 유무를 보고한다.

코스팀장(장비 담당)은 장비 이력카드를 작성 고장 및 파손 상태 등을 기록 유지하고, 장비 담당자는 정비 및 보수내역을 상세히 기록한다.

일일단위 장비 운행일지 및 유류 사용일지를 작성하여 유류 사용량을 집계하고, 투명한 유류 결산 체계를 유지하기 위하여 통합전산망에 입력한다. 유류고 주유기 사용량 및 유류 탱크 유류량을 일일 단위 중복 체크하여 일일, 주간, 월간 결산하여 투명한 유류 결산 체계를 유지한다.

장비 구입 년수 및 내구연한을 고려하여 정비예산계획을 수립하고 사업계획에 반영하여 수리부속 및 정비 소모품 구매의뢰와 신규 장비 구매 재 투자 사업에 반영한다. 중기계획 및 사업계획 수립 시 수리 부속 및 소모품 예산계획을 수립하여 체계적인 정비 가능토록 수리부속 및 정비소모품을 사전에 확보한다.

내구연한이 도래하거나 노후로 수리 비용이 과다하게 지출이 예상되는 장비는 중기계획 시 사업계획에 반영하여 정비예산을 확보하여 장비도태에 따른 공백을 최소화한다. 내구연한이 초과하거나 수리 비용이 장비구매 가격의 50%이상 초과하는 장비는 장비 불용 및 폐 처리 건의하여 활용 가능 부품은 재활용하고 활용 불 가능 부품은 폐기 처리 한다.

장비별 정비자료를 수집, 분석, 평가하여 전산으로 기록하고, 기록된 주요 결함 내용을 토대로 예산에 반영하고 예방점검계획을 수립하여 장비의 가동율을 증가시킨다. 해당 장비의 시간제 점검 및 교환 품목 등의 전산 기록은 예측된 기간에 정비 활동이 수행되게 한다.

3) 코스팀 전 직원 분야별 장비 관리 및 운영 가능토록 업무분장

코스팀 장비 담당자에 의거 장비 정비 및 관리하고 있으나, 장비 담당자가 부재 시(휴가, 휴일 등) 장비 고장 수리 및 정비가 되지 않아 코스관리 장비운영에 제한이 되는 사례가 빈번히 발생하였다.

이를 해소하기 위해서 그린, 페어웨이, 조경 등 장비를 주로 사용하는 담당자를 '부'로 임명하여 장비관리 및 운영에 대한 책임을 부여함은 물론 장비 정비 및 관리에 대한 소집교육을 실시하여 기본적인 정비능력을 구비하여 업무 공백이 없도록 하였다.

운영장비		그린모아, 배토기, 시약차	로타리 모아, 5갱모아, 굴삭기	체인 엔진톱, 시약차
담당 직책	정	장비 담당자	장비 담당자	장비 담당자
	부	그린 담당자	페어웨이 담당자	조경 담당자

장비 사용자에 의한 운행 전·후 장비 점검 및 기본적인 정비가 가능토록 교육하여 장비에 대한 애착심을 가지고 장비운영을 함으로써 코

스팀 직원 상호 분위기도 좋고 언제든 휴가 등 편하게 쉴 수 있는 여건을 조성하였다.

8. 벙커 안의 플레이 흔적제거 및 깨끗한 벙커유지로 골퍼의 플레이 여건 보장

벙커정리 작업은 매일 실시하며, 강우 및 강설 등으로 작업이 곤란한 경우에는 코스팀장 검토 후 해당일 취소할 수 있다.

작업은 당일 마지막 팀 TEE OFF 후에 실시하고 또는 다음 날 아침 TEE UP 전 작업을 하는 것을 원칙으로 하되, 경기중이라도 플레이에 방해가 되지 않은 범위에서 벙커 정리를 한다. 창공대 체력단련장은 9홀로 벙커 19개를 보유하고 있으나 벙커 정리기를 미 보유하고 있어 코스담당자 또는 일용직 근무자에 의해 모래 고르는 레끼 도구를 활용 벙커 정리작업을 한다(벙커 정리기 구매 중장기 계획에 반영 27년도 도입 예정).

벙커 작업 전 잡석, 배수관용 그물망이 노출되었을 경우 잡석 수거 및 응급 처리 후 작업한다.

벙커 내 잡초 제거 및 벙커 외곽의 지근 절단, 벙커 내부로 침입한 페어웨이 잔디 제거, 기타 오물을 수거한 후 벙커 모래를 보충한다. 벙커 모래를 보충한 후 레끼 정리작업을 실시하며, 작업 종료 후에는 레끼 손잡이를 TEE방향으로 향하게 하며 파손 유무를 확인하여 파손시 즉시 교체 및 수거한다.

9. 골프장 전체 ZERO 베이스 상태에서 현장 실태 파악 개선

- 골프에 장애가 되는 요소 과감히 제거 고객 최상의 골프 여건 조성

가을마다 그린에 대량의 낙엽이 떨어져 골프에 방해되는 떡갈나무를 제거하고 있다.

골프장 개장 초기에는 나무가 어려 그린 주변에 심어도 상관없었으나 골프장 개장 연수가 11년이 지나 성목이 되어, 그린에 그림자가 생겨 장기간 얼음이 덮여 있어 잔디에 피해를 주고, 은행나무 열매 악취, 그린에 낙엽으로 인해 퍼팅 불편, 안전에 문제가 있어서 골프 라운딩에 장애가 되는 장애물은 과감하게 제거했다.

열매 악취로 이용객의 인상을 찌푸리게 하는 은행나무 제거하고 있다.

1) 2번 홀은 Teeing Ground 좌측에 은행나무 열매가 떨어져 고객 이동간 카트나 신발에 밟혀 특유의 악취가 발생하고 많은 은행잎이 떨어지는 등 고객들이 불쾌함을 호소하여 은행나무(암) 4그루 제거

2) 4번 홀 좌 그린은 법면 지역 많은 수목으로 동계 그린에 그림자 형성이 많아

잔디 피해 발생 및 그린 플레이에 방해되어 수목 제거 및 가지치기
　3) 4번 홀과 9번 홀은 Teeing Ground에 큰 나무로 인해 안전에 위험성 내재 중국산 단풍(2주), 측백나무(2주), 낙엽송(1주) 제거
　4) 6번 홀 8번 홀 큰나무로 그린 위에 많은 낙엽이 떨어져 퍼팅에 지장초래 낙엽송(4주), 떡갈나무(2주) 제거, 가지치기(10주)

- 증설공사 시 수종 특성에 맞는 조경수 식재가 되지 않아 죽는 나무 발생

　클럽하우스 2층에 둥근 소나무와 중국산 단풍나무를 같은 장소에 중복 식재하여도 개장초기에는 나무가 어려 큰 문제가 없었지만, 시간이 지나면서 나무 성장 속도가 느린 둥근 소나무 10주가 중국산 단풍나무 6주로 인해 햇볕을 받지 못해 죽거나 시들어가고, 가을이면 단풍잎이 너무 많이 떨어져 클럽하우스 주변이 지저분하고 작업 소요도 많고 불편하여 중국산 단풍나무를 제거하여 둥근 소나무가 죽는 현상을 예방하고 주변이 정돈되고 깨끗한 클럽하우스를 조성하였다.

- 연습장 ~ 항공학교 서문초소까지 측백나무 및 잡목 제거와 가지치기

울타리를 형성하고 있는 측백나무, 잣나무 가지치기로 단정해진 모습

　연습장 외곽부터 항공학교 서문초소까지 약 2km 울타리 외곽으로 밀집된 측백나무와 잣나무를 가지치기하고 고사목을 제거하였으며, 울타리에 칡넝쿨

및 잡목 등을 약 4㎞ 구간을 전체적으로 정리하여 페어웨이의 원활한 통풍은 물론 골프장 주변에 환경을 개선하여 지역주민들에게 감사의 표시를 받는 등 골프장의 쾌적한 분위기를 조성하였다.

- 맹 암거 작업으로 페어웨이 물고임 현상 제거 최상의 골프여건 조성

페어웨이 배수 개선을 위한 맹암거 작업을 하는 모습들

우천 시 페어웨이 컨디션을 적절히 유지하고 물고임 현상을 최소화 하고 근본적으로 건강한 잔디를 위해 맹 암거 작업을 실시하여 페어웨이 물빠짐을 원활하게 하여 물고임 현상을 최소화했다.

작업지역은 작년도 배수 불량지역과 우천 시 배수 상태를 보고 1번 홀 페어웨이 IP 지점 맹암거 작업을 24년 4월에 1차 작업을 완료하였

페어웨이 배수 개선을 위한 맹암거 작업을 하는 모습들

다. 2차 작업은 6월에 우천시 상습적으로 비고임 현상으로 페어웨이 일부 구간 물 고임으로 카트 이동 시 고객 불편이 증가하고 진흙이 올라와 잔디가 고사하거나 패임 현상이 발생하여 차단줄을 설치하여 동선을 변경하였다.

또한 고사 지역에 잔디를 이식해도 잔디가 죽는 현상이 반복되었으나 맹암거 작업을 하여 물 고임 현상 해소 및 잔디 고사 상태가 없는 최상의 골프여건을 제공하여 고객들로부터 잔디 컨디션이 좋다는 소문이 많았다.

특히 작업 간 안전대책을 강화하여 안전한 가운데 작업이 될 수 있도록 하였다. 굴삭기 작업간 급수관 및 통신시설 파손에 유의하고 주변 잔디의 훼손은 최소화 함은 물론 암거관 뚜껑의 표면이 잔디의 표면보다 10mm 정도 낮게 해서 배수가 잘되도록 하였다.

작업 종료 후에는 작업 구간을 상세히 기록하고 작업량, 이상 유무 등을 사장한테 보고하고 차후에 어느 누가 보더라도 작업방법 등을 정확히 알 수 있도록 했다.

- 오구공 식별

오구공 식별이 용이하게 하기 위하여 벙커 정리, 러프 예초 작업, 해제드 그물망 설치, 둥근 소나무 식재 및 가지치기 등 상습 비 월공 지역에 잘못된 볼의 영향을 줄이기 위해 완충 지역을 만들어서 고객이 잘못 친 공이 보다 더 나쁜 장소로 굴러가지 않게 하였다.

고객의 공이 다른 플레이어의 플레이에 지장을 주거나 또는 부상을 초래할 수 있는 상황 그리고 오구공을 찾는다고 시간도 지체할 수 있는 상황을 예방하기 위해 다양한 조치를 강구했다.

- 실시간 그린핀 위치 안내 GPS 골프 깃대 설치

스마트 워치로 실시간 홀별 그린 경사, 그린까지 거리, 그린 핀 위치를 확인 할 수 있는 GPS 깃발 설치 및 시스템 도입으로 캐디가 없는 창공대 체력단련장의 애로사항을 해소하는 데 노력했다.

- Tee 마크 도색

색바랜 티마크를 수거 후 그라인더로 기존 낡고 지저분한 칠을 제거하고 도색하여 티박스 위치 식별이 용이하고 티잉 그라운드 주변 환경을 개선함은 물론 자체작업을 통하여 신규 티마크 구매 예산을 절약하였다.

- Teeing Ground 티매트 교체

코스 현장 확인 간에 스탠드 매트가 꿀렁거리는 현상과 티 꽂기가 힘들다는 것을 발견하여, 일부 티 매트 교체 및 부러진 티 긁어내기 등을 실시했으나 티매트 가운데 처짐 현상과 미세한 꿀렁거림 현상이 지속 발생하여 전 홀 티매트 상태 전수 조사 후 불량 티매트를 교체하여 고객 불편을 해소했다.

10. 일용직 근로자 전동카트 제공 이동시간 단축, 일일 단위 명확한 임무 부여

　Ball의 낙하로 인한 그린 손상 부위를 보수하여 깨끗하고 균일한 그린을 유지하기 위하여 계절별 시기별로 구분하여 볼마크를 수리한다.
　논산 소도시 특성상 일용직 구하기가 어렵고 지원자도 69세(여 1명), 76세(여 1명), 79세(남 1명) 고령자로 볼 마크 수리보다 홀과 홀 이동 시에도 많은 시간이 소요되고 휴식시간이 많아 볼 마크 수리에 다소 어려움이 있고 폭염에 열사병에 대한 위험성도 항시 내포되어 있어 관리에 어려움은 있지만, 한평생 농사에 종사하시던 분들이라 맡은 작업량에 대해서는 열심히 잘하고 있다.
　우리 골프장은 셀프로 전동카트를 미보유하고 있어 18홀 체력단련장에서 사장 코스 현장 확인 및 순찰 전용으로 관리전환 된 전동카트를 일용직 근무자들에게 제공(사장은 걸어서 현장 확인)하여 그린 볼 마크 수리를 위해 홀과 홀 이동시간을 대폭 단축하여 볼 마크 수리에 전념할 수 있는 환경을 개선하였다.
　또한, 전동카트에 적재함을 제작 설치하여 그린 볼 마크 수리에 필요한 작업 도구와 음료수를 포함 간식을 실을 수 있도록 하였고 코스

팀 직원들도 작업 간에도 언제든지 다목적으로 활용할 수 있도록 함으로써 근무여건 개선 및 피로도를 감소시켰다.

- 하계기간(3~11월) 성수기에는 일용직 근무자 볼 마크 수리

코스팀 일용직 근로자 3명을 선발하여 3월부터 12월까지 10개월 동안 기간제 근무자로 운영하고 있으며 코스팀장이 일일 단위 안전사고 예방 교육 및 주의사항을 전파하고 당일 주요 업무를 부여하고 확인 점검한다.

골프장 특성상 골프공에 의한 타구 사고를 예방하도록 반드시 안전모를 착용하고 고객의 play에 방해가 되지 않도록 손님이 없는 홀부터 우선 작업을 하고 부득이하게 play 간 작업을 할 때도 항상 주의하여 고객이 샷을 하기 전에 안전지대로 이동하고 샷이 끝난 후 작업이 계속되도록 했다.

기타 뱀, 벌에 의한 물림 및 쏘임, 쯔쯔가무시 등 진드기에 의한 병이 생길 가능성이 있어 매일 작업 전에 안전교육을 하여 사고 예방에 노력하고 있다.

그린 볼 마크 수리 업무가 끝나면 홀 이동 전에 그린 잡초 제거, 티 매트 청소, 벙커 정리, 쓰레기 분리수거 등 당일 추가업무를 부여하고 팀장이 코스를 돌면서 확인하며 남자 일용직 근무자는 성수기에 볼 마크 수리 외에 예초작업 및 수목 가지치기 작업, 홀과 홀 법면 관리 및 수목관리 업무 등 추가업무를 부여하여 탄력적으로 운용하고 있다.

볼 마커는 그린 볼 마크 작업 간 그린의 이상유무를 발견 시 즉각 코스팀장에게 보고하여 즉각적인 조치가 이루어지도록 한다. 볼 마크 수리 작업 전에 볼 마커에게 올바른 수리 방법 및 작업요령에 대해 코스팀장(과장)에 의거 반드시 시범 식 형태의 교육을 실시한다.

예를 들면 볼 마크는 예초 전에 반드시 수리되어야 한다. 그러나 이 때 잘못 수리되어 수리된 부분이 표면보다 부푼 경우 모어에 의해 부분 부분이 깎여 나가 잔디의 생장점 밑을 잘라 버림으로써 그 부분의 잔디가 고사되어 관리상의 문제점(스캘핑)을 야기시킨다.

볼 마크를 수리하는데 있어서 가장 주의해야 할 사항은 절대로 볼 마크 바로 아래에 볼 마크 수리기를 집어넣어, 들어 올려서는 안된다는 것이다. 이것은 스캘핑의 원인이 될 뿐만 아니라 한여름에는 뿌리가 끊어져 잔디가 고사할 수도 있기 때문이다.

- 동계기간(12월 ~2월) 골프장 직원이 그린 및 페어웨이 수리

그린 볼 마크 수리는 비수기인 동계에는 일조량이 줄면서 경기팀이

겨울철 경영팀 직원들이 페어웨이 디봇을 도와주는 모습

줄어 일용직 근무자를 채용하지 않고 캐디가 없어 코스 팀 직원 2명이 출근하여 그린의 볼 마크를 수리한다.

페어웨이 디 봇트 수리는 잔디가 성장하는 성수기(7~8월)를 제외하고 코스팀 직원이 하며 고객 입장 전이나 오후 막팀 뒤를 따라가면서 수리한다. 정비의 날이나 전군 연합훈련 등으로 휴장일 에는 경영팀 직원(프런트, 남·여락카, 총무과, 경기과 등)을 포함한 전 직원이 투입되어 페어웨이 디봇트 보수작업을 하며 디봇트 보수작업을 통하여 골프장 직원으로서 코스 경험도 하고, 애사심을 갖도록 하였다.

11. 코스팀 조기 출근자 최적의 코스세팅 영업준비는 고객 하루의 행복

매일 코스팀에서는 영업준비를 위해 라운딩 시작 1~2시간 전 그린 상태와 시기별, 계절별 1~2명이 출근하여 코스에 대한 전반적인 세팅을 한다.

첫째 그날 기상(안개, 그린 이슬 등)을 고려하여 경기진행을 위해 최상의 코스세팅업무를 한다.
둘째 티마크와 홀컵 위치는 현역 부대경기일, 지역주민의 날, 예비역의 날, 현역 운동금지 등 낭일 입장 고객을 고려하여 결정한다.
셋째 Tee, Green, F/W의 잔디 손상이 최소화되는 위치를 판단하여 준비한다.
넷째 경기 진행시간 단축과 잔디 보호라는 두 가지 목적을 동시에 만족할 수 있게 조율하여 준비한다.

다섯째 고객과 부딪히는 시간에 작업을 하므로 골프에 방해되는 행위를 절대 금지한다. 코스관리 직원이 조기 출근하여 그날의 영업준비를 위한 세팅이 곧 골프장의 얼굴이다.

12. 코스관리 부서 비수기 재충전의 기회 부여 업무 효율성 증대

코스관리 직원은 (사)한국그린키퍼협회에서 주관하는 한국골프장산업박람회(KGCIS) 및 한국과학기술대학교에서 주관하는 잔디관리 세미나 등에 참석하여 코스관리에 대한 능력을 배양하고 있다. 동계

코스팀 직원들이 골프산업 박람회를 견학하고 있다.

비수기에는 전 직원이 1박2일 워크샵을 통해 타 골프장 견학 및 주변 관광 등을 실시하여 그동안의 피로도 풀고 직원 상호 대화의 시간을 통해 화합·단결할 수 있는 여건을 조성하였다.

1) 골프산업 박람회 견학으로 최신 골프 코스관리 장비, 관수시설, 관리자재 등 골프장 관리·운영 및 건설 전반에 관련된 국내외 유명업체의 장비와 기술력을 관람하고, 골프 산업의 현재와 미래를 한눈에 볼 수 있는 좋은 기회를 갖게 하였다.

2) 잔디 관리사 세미나 참석(한국 골프과학기술대학교 주관 '25.2.11)

주 제	1) 기후변화에 따른 코스관리 사례 및 대응. 2) 한지형 잔디 품종별 특징 소개 및 기후변화에 따른 초종 선정. 3) 여름 고온기의 그린 권근부 관리에 대한 방법. 4) 기후변화 그리고 우리나라 잔디 병의 현재와 미래
소결론	골프장의 핵심 업무는 코스관리!!! 오늘날 골프장의 경쟁력은 코스 관리에서 결정된다. 코스관리는 단순한 업무가 아닌 당해 골프장의 가치를 제고하는 업무임을 명심하여야 한다. **"골프장에서의 진정한 고객감동은 코스관리 서비스에 있다."**

3) 골프장 개장이 후 최초 코스 팀 전 직원 1박 2일 워크샵

오전에는 타 골프장 견학으로 그린, 페어웨이, 조경 등 코스관리 KNOW-HOW 및 직원 운영 등을 비교하면서 당 골프장에서 착안하지 못한 부분은 상호 벤치 마킹 하는 아주 뜻깊은 기회를 제공하였다.

팀장 중심으로 직원들과 대화의 시간을 통하여 코스 관리 발전방안, 애로사항 등 상호 의견을 통하여 화합된 직장 분위기를 조성하였다.

오후에는 서해안 바다낚시, 주변 관광, 저녁 만찬 및 여흥을 통하여 그 동안 힘들었던 시간들에 대해 회포를 푸는 기회가 되었다.

다음날 오전에는 온천 목욕 및 주변 맛집 투어 등 코스팀 직원의 그동안 노고를 격려함으로써 사기 진작과 더불어 화목한 분위기로 무엇이든 할 수 있는 자신감을 부여한 소중한 시간이었다.

코스팀직원 바다 낚시 모습

코스팀원 군산 CC 견학 모습

특히 골프장 오너가 코스 관리의 중요성을 알고 있고 코스팀의 노고를 인정하고 배려한 것에 큰 감명을 받았다. 코스팀 직원들 워크샵 기간에 코스 관리는 경영팀 직원 중 코스 관리 유경험자가 조기 출근하여 그린 이슬 털이 및 티 메트 쓸기 등 기초적인 코스 관리로 영업준비를 함으로써 고객에게는 전혀 불편함이 없도록 사전에 조치하였다.

13. 코스부서 내 휴식공간 제공은 또 다른 필드관리

　현장인 필드에만 중심을 두고 관리해왔으나, 직원들의 쉴 수 있는 휴식 공간과 간단하게 조리할 수 있는 장소를 제공, 티 타임 및 식사하면서 사적인 대화도 하는 등 인간미를 느낄 수 있게 하는 것이다.

　특히 코스팀에 근무하는 직원은 야외에서 육체노동을 많이 하는 특성상 혹서기, 혹한기를 포함 점심시간에 잠시 피로를 풀 수 있도록 직원 휴게실(남1, 여1)을 만들어 직원과 일용직 여성이 휴식할 수 있는 공간을 제공했다.

　골프장 특성상 직원식당을 운영하지는 않아도 휴게실을 활용 점심시간에 도시락을 먹거나, 컵라면 등 새참을 먹을 수 있도록 간단한 취사도구를 비치하여 언제든지 먹을 수 있는 여건을 만들어 주어 '삶의 질'에 부족함이 없도록 해주고 있다.

　또한, 직원 작업복 세탁을 위한 세탁기, 건조기를 항상 사용 가능토록 최상의 상태를 유지해주어 다음 날 언제든지 입을 수 있도록 하고, 도시락 반찬 보관 및 냉음료를 보관할 수 있도록 냉장고를 구비 직원들이 업무와 휴식을 조화롭게 느낄 수 있는 공간과 편의시설을 제공하여 최상의 코스관리는 물론 안전사고도 예방하고 있다.

제8장
최상의 안전관리대책 강구

군 생활 시절 안전사고로 인해 사망 또는 장애, 재산상의 손해로 인해 엄청난 고통을 받는 모습들을 현장에서 직접 경험도 하고 간접적으로도 많이 보아 왔기 때문에 안전관리는 아무리 강조해도 지나치지 않을 정도로 매우 중요하다.

창공대 체력단련장 사장 부임 후 직원과 고객, 지역주민들의 인명 상해와 골프장 재산을 보존하기 위해 회사의 경영방침을 '안전 최우선' 안전이 보장된 가운데 골프장을 경영한 결과 직원들은 물론 고객들도 안전사고가 급격히 감소되었으며, 직원들의 업무 능력도 더욱 향상되고 골프장 내장 고객들에게도 좋은 평가를 받고 있다.

미국 국민 안전평의회 연구 발표통계를 보면 불안전한 행동(행위)으로 발생한 사고는 88%를 차지하고, 불안전한 조건(상태) 10%이며, 2%는 불가항력(자연현상)이라고 한다.

1. 산업재해 없는 골프장, 직원이 안전한 직장 만들기

골프장에서 안전사고가 발생한다면 무엇 때문일까?

① 관리자의 무관심 또는 안전관리 소홀?
② 직원의 안일함과 게으름에 기인한 부주의?
③ 중간관리자의 무리한 작업 일정 계획?
④ 안전 예산 부족?

산업안전보건법이 강화되면서 안전사고 발생에 대해 관리자에게 엄중한 책임을 묻고 있는 것이 현실이며, 관리자는 항상 직원의 안전에 관심을 경주하고 있다. 그러다 보니 최근 직원의 안일함과 게으름에 기인한 부주의가 안전사고의 주를 이루고 있다. 물론 이러한 직원의 부주의 또한 관리자의 몫이다.

어떻게 하면 직원들이 자신의 안전에 관심을 가지고 일할 수 있을까? 골프장에서 안전사고로 불행한 직원이 발생하지 않게 할 수 있는 가장 효율적인 시스템은 무엇일까? 사장으로서 항상 고민하고 또 고민한다.

- 관리자와 직원이 농참하는 위험성 평기 실시

시설을 보수하거나 장비를 다루는 데 있어 어떠한 상황에서 안전사고가 발생하는가는 담당자가 가장 잘 알고 있을 것이다. 따라서 관리자는 지속적이면서도 효율적인 안전관리 노력이 필요하다.

골프장 내 작업 간 안전사고 발생을 예방하기 위해 관리자와 직원이 모두 동참하여 새로운 작업 시작전(또는 분기 1회) 위험 요인을 파악하여 제거한 후 작업을 실행하고 있으며, 위험성 평가 과정이나 작업 간 추가 발생한 안전사고 위해요소나 아차사고를 매월 정기적인 안전교육을 통해 공유함으로써 직원들이 안전사고 예방에 적극 동참할 수 있도록 시스템을 구축하고 있다.

- 위험성 평가 절차(5번홀 씽크홀 복구 공사의 예)

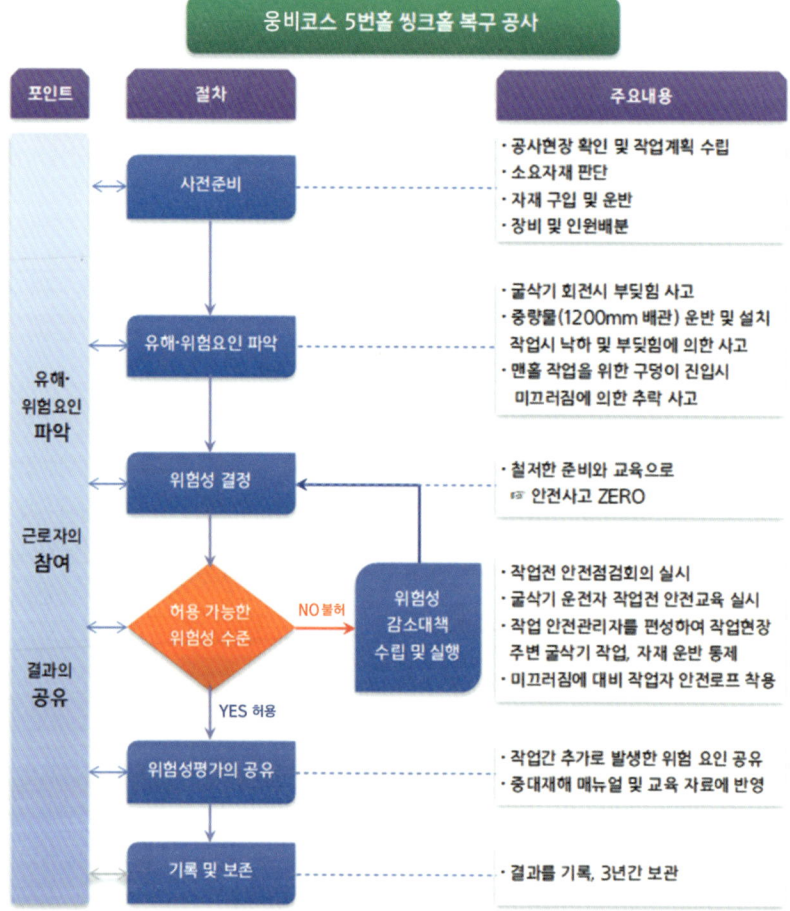

- 매월 1회 안전점검의 날 시행

매월 1주일간 소방, 전기, 위험물에 대한 안전 점검과 시기별, 상황별 발생 빈도가 높은 안전사고에 대해 예방 교육 및 직원들이 작업간 발생했던 아차사고 경험 공유 등을 통해 직원들의 안전사고에 대한 경각심과 관심을 갖게 하고 있다. 또한 위험성 평가의 내용을 교육에 반영하여 직원들에게 반복적으로 각인시킴으로써 자연스럽게 안전 수칙을 준수할 수 있도록 하고 있다.

매월 실시되는 안전보건교육을 받고 있는 직원들

- 일과(작업) 전·후 미팅을 통한 안전교육 실시

팀장은 일과 전·후 작업 계획 및 결과를 직원들과 공유하며 안전사고 예방을 위한 주의사항, 안전보호구 착용, 아차사고 경험 등을 공유하여 직원들이 위험을 사전에 예지하여 위험으로부터 사전에 철저히 대비할 수 있도록 하고 있다.

코스팀장이 하루 일과 전 작업계획과 안전교육을 실시

- 사장은 직원들이 무리하지 않고 안전하게 추진하도록 관리해야 한다.

때로는 팀장(또는 직원)이 기상요인과 인적요인의 제약 또는 사장의 지시나 사안의 중요성을 잘 못 판단하여 무리하게 업무를 추진하는 경우가 발생한다. 이때 사장으로서 팀장(직원)의 의견을 최대한 존중하되 무리한 업무 추진으로 인한 안전사고 예방을 위해 작업 현장에서 안전관리자(팀장)을 포함한 실무 직원들과 토의를 하여 조율하고 있다. 이것은 안전사고로 인해 불행한 직원이 발생하지 않도록 하기 위한 나의 임무이기 때문이다.

- 사장이 매일 현장 구석구석 다니며 관찰한다.

항상 하는 말이지만 "현장에 답이 있다." 회사 내 안전사고 예방을 위해서 사장은 그 누구보다 더 현장을 잘 알아야 하며 부분보다는 전체적인 시각을 가져야 한다고 생각한다. 사장의 잘못된 판단으로 회사에 큰 피해를 줄 수도 있고, 직원들의 안전을 위협할 수도 있

코스 구석구석을 살펴보면서

기 때문이다. 이러한 사장의 모범적인 행동을 통해 직원들은 경각심을 갖고 편법이나 요령을 선택하는 대신 올바른 길을 선택하여 작업하게 될 것이고 이는 안전사고 예방에 결정적인 역할을 할 것이라 생각한다.

- **안전사고 예방을 위한 예산확보와 집행에는 타협이 있어서는 안 된다.**

옛 속담에 "호미로 막을 것을 가래로 막는다." "소 잃고 외양간 고친다."라는 말이 있다. '뭐! 매일하는 건데, 무슨일이 생기겠어?'라는 생각으로 또는 "한번 쓸건데 굳이 구매해야 하나?" 등의 안일한 생각으로 안전사고 예방에 필요한 예산을 아끼려고 시설이나 장비를 불완전한 상태로 운영하거나, 직원들에게 안전 장구류를 지급하지 않아 안전사고가 발생한다면 인적으로나 물질적으로 감당해야 할 피해 비용이 막대할 것이다. 따라서 안전을 위한 예산 사용에는 타협이 있어서는 안 된다. 작업 전 직원들의 개인 안전 장구류를 충분히 확보하고, 시설이나 장비의 상태 및 보호장치를 철저히 확인하고 수리한 후 작업을 진행하여야 한다.

- **안전사고 예방의 시작은 담당 직원으로부터 시작한다.**

기계장치나 장비에 대해 가장 잘 아는 사람은 그것을 매일 사용하는 직원일 것이다. 담당 직원은 매일 기계나 장비를 다루기 때문에 사소한 소음이나 작동의 변화를 가장 먼저 알아낼 수 있다. 따라서 관리

페어웨이 담당이 5갱모아 운행 전 장비 상태를 점검하고 있다.

자는 담당 직원이 시설이나 장비 사용 시 발생하는 이상 유무에 대해 즉시 보고하고 적시에 조치할 수 있는 시스템을 갖추고, 문제 발생 시 상황에 적절하게 대처할 수 있도록 매뉴얼을 작성하여 담당 직원들이 매뉴얼에 따라 안전하게 일할 수 있도록 조치해야 한다. 모든 기계장치나 장비에는 사용 매뉴얼, 관리 매뉴얼, 응급상황 발생시 조치 매뉴얼을 갖추어 활용하도록 하고 있다.

2. 고객의 안전사고가 없는 골프장

고객들의 안전사고가 발생한다면 막대한 보상 비용이 발생함은 물론, 매출에도 악영향을 끼치며, 직원들 또한 안전하다고 보장할 수 없다. 우리처럼 캐디가 없는 셀프골프장의 경우 더욱더 고객들의 안전사고에 대해 민감할 수밖에 없다. 셀프 라운딩 시 지켜야 할 안전 수칙에 대해 안내 표지판을 만들어 설치하고, 출발 전 직원들이 반복해서 교육하지만 제대로 듣는 사람은 거의 없다. 사장과 직원들이 코스를 돌 때마다 고객들에게 위험하다고 경고 안내를 해주지만, 모든 고객을 실시간으로 컨트롤하는 것은 불가능하다. 최근 발생하고 있는 안전사고는 주로 동반한 고객들 상호 발생한 사고가 대부분이다.

그러나 이러한 안전사고가 계속 발생한다면 위험한 골프장으로 인식될 것이고 고객들 또한 우리 골프장을 멀리할 것이다.

골프장 사장으로서 안전사고 발생을 근본적으로 차단하기로 마음먹었고 홀별 비월공으로 인한 타구사고 위험지역을 면밀히 분석하여 안전망 설치, 티박스 위치조정, 현수막 설치, 출발 전 안전교육 강화 등 실질적인 대책을 강구하였다.

- 비월공 피해가 없는 골프장 만들기

고객들의 비월공 타구를 분석해 보면 정말 예측이 불가하다. 현장을 가보면 '아! 페어웨이가 이렇게 넓은데, 왜 여기에?', '아무리 봐도 공이 날아올 수 없을 것 같은데?'라는 생각이 들 정도로 비월공 발생 패턴이 다양했다. 따라서 우리의 예상을 뛰어 넘는 안전 대책을 강구해야 했다.

- 홀 별 타구사고 예방 조치 현황 종합

1번홀	2번홀
• 높이 10m × 길이 75m 안전망 설치 (농가 비월공 피해 민원) • 높이 6m × 길이 20m 안전망 설치 (농가 비월공 피해 민원) • 높이 3m × 길이 130m 안전망 설치 (홀간 비월공 사고 예방)	• 티박스 옆 조경수 제거 (타구 사고 위험 요인)

3번홀	4번홀
• 티박스 위치 조정 및 드라이버 사용 통제 (비월공 발생 예방) • 높이 8~15m × 길이 200m 안전망 설치 (군부대 비월공 차단) • 현수막 및 공중 OB 깃발 설치 (비월공 사고 위험 지역)	• 티 박스 위치 조정 (비월공 발생 예방) • 티박스 옆 조경수 제거 • 높이 8~15m × 길이 390m 안전망 설치 (군부대 비월공 차단)

5번홀	6번홀
• 경기진행 안전CCTV설치 (티샷 전 사각지역 확인용) • 높이 6m × 길이 70m 안전망 설치 (홀간 비월공 사고 예방)	• 티 박스 위치 조정 (비월공 발생 예방) • 높이 6m × 길이 110m 안전망 설치 (홀간 비월공 사고 예방) • 높이 3m × 길이 100m 안전망 설치 (홀간 비월공 사고 예방)

8번홀	9번홀
• 티 박스 위치 조정 및 현수막 설치 (비월공 발생 예방) • 높이 10m ×길이 60m 안전망 설치(군부대 사격장 비월공 예방) • 높이 6m ×길이 40m 안전망 설치 (홀간 비월공 사고 예방) • 경기진행 안전CCTV설치	• 티박스 옆 조경수 제거 • 높이 6m ×길이 100m 안전망 설치 (홀간 비월공 사고 예방) • 높이 15m ×길이 200m 안전망 설치 (아파트, 주차장 비월공 예방)

1) 안전망을 설치하여 비월공 차단

오픈 초기 일반골프장의 안전수준에는 충분히 부합되도록 설계되고 안전망이 설치되었지만 셀프 라운딩 특성상 초보나 제멋대로 플레이하는 고객이 많기 때문에 상식적인 수준의 안전대책으로는 안전사고를 충분히 예방할 수 없었다. 개장 후 지속적으로 골프장 안팎에 발생하는 비월공을 추적하고 분석하여 안전망을 설치하고 있다. 때로는 예산을 확보하고 공사가 완료되기 전까지 고객과 민원인의 안전을 방치할 수 없어 대나무 및 재활용 자재를 활용하여 신속하게 1차로 임시 안전망을

민원인과 사장 등 골프장 직원이 비월공 발생 현장 방문 토의 모습(22년 10월 20일)

즉각 설치하기도 하였다. 24년에 3개소 130m를 추가하여 총 12개소 약 1,500m 비월공 차단 안전망 설치를 완료하였으며, 이용객들이 안전사고에 대한 걱정 없이 편하게 운동할 수 있는 여건을 조성하였다.

   1차 안전망 설치(22년 5월)는 현지에서 긴급 구할 수 있는 대나무(6m)와 재활용 자재(폐파이프, 그물망 등)를 활용하여 예산확보 전까지 임시로 비월공 방지 안전망을 즉각 설치하여 민원 해결은 물론 민원인으로부터 진정 감사하다는 표시와 함께 안전을 확보할 수 있었다.

예산 확보 전 대나무를 활용한 임시 안전망(6m) 설치 완료 모습(22년 10월 23일)
(대나무, 폐 그물망, 쇠파이프 등 활용)

대나무 안전망 태풍에 의해 파손된 모습

23년 9월 태풍으로 파손된 안전망을 해체 후 대나무를 활용 긴급 복구하는 등 타구사고 예방을 위해 즉각 조치하였다.

24년 7월 사령부에서 예산을 조치 받아 2년여 만에 철망으로 완벽하게 안전망을 설치하여 고객들이 안전하게 라운딩할 수 있는 여건을 조성하였다.

대나무로 2차 다시 복구한 임시 안전망 모습

철망으로 안전망 설치 완료 모습

2) 티박스 위치 조정으로 비월공 발생 예방

기술이 발전하면서 과거에 비해 골프채의 비거리가 상당히 늘어났다. 골프장 오픈 당시 적용된 설계 기준이 이제는 한계에 다다랐다고 판단했다. 안전망만으로는 모든 비월공을 막아낼 수 없었다. 안전망 설치에는 막대한 예산이 소요되기 때문에 예산적 한계가 명확했기 때문이다. 이러한 한계를 극복하기 위해 수 개월간 코스를 돌며 고객들의 타구를 보고 분석하고, 여러차례 직원들과 토의하기도 하였으며,

밤새 고민하여 내린 결론은 상습적으로 비월공이 발생하는 티박스를 폐쇄하여 애초에 비월공이 발생하지 않도록 하는 방안이었다. 다만, 비거리가 조금 짧아지고 변화가 줄어든 골프장에 대한 고객들의 민원이 고민이 되었지만 안전과 타협할 수 없다는 생각으로 일부 홀의 티박스를 폐쇄하거나 통합하기로 결정하고 시행하였다.

비월공 발생 분석 및 티박스 이전 검토 사례(4번홀)

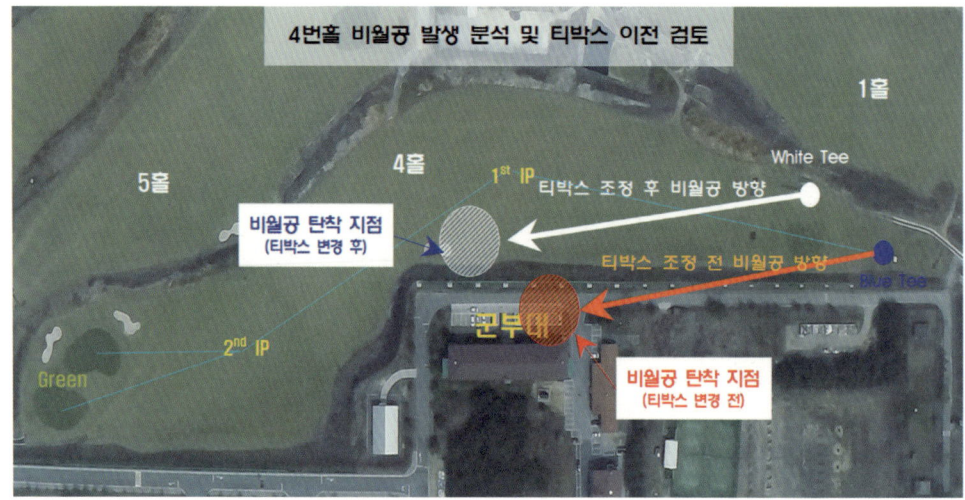

4번홀 Blue Tee ➡ White Tee 이전 통합 운영 ⇨ 비월공 사고 발생 90% 이상 차단

- 고객 안전사고 예방 대책 수립

고객은 라운딩 하면서 스스로 안전사고를 예방하고 모든 안전 위해 요인에 대해 스스로 판단하고 대처해야 한다. 그러나 사고가 발생한다면 아무리 자신의 부주의에 의한 과실이더라도 고객은 골프장 시설의 문제로 몰아붙여 분쟁이 발생하곤 한다.

심지어 골프 중 걷다가 조그만 돌멩이에 걸려 넘어졌는데 골프장이 관리를 잘못했으니 배상해 달라고 하는 경우, 본인의 실수로 카트기 전원을 끄는 바람에 브레이크가 풀려 카트가 추락했는데 치료비와 부러진 골프채를 변상해 달라고 끈질기게 요구하기도 한다.

물론 고객의 과실로 판명 났지만 이러한 고객의 과실로 인한 사고까지 대비하기 위해 경사지 및 해저드 추락 방지용 차단바 설치, 사각지역 확인용 CCTV 설치, 뱀물림 또는 벌쏘임 사고 위험지역 표지판 설치, 사고 발생 위험 지역 현수막 설치 등 다양한 방법으로 대처하고 있다.

1) 코스 내 경사지역 카트 추락 방지 차단바 설치

AI카트가 도입 운영되면서 무게가 기존 카트 대비 30kg 이상 무거워져 기존 로프를 이용한 차단줄로 장비 오류 또는 고객 과실로 인한 AI카트 추락을 예방하기에 어려움이 많았다. 이를 보완하기 위해 과거 하우스 철거 후 보관하고 있던 하우스 파이프를 재활용하여 4개구간 300m의 차단바를 설치하였으며, 이로 인하여 추락사고를 효과적으로 예방할 수 있었으며,

경사지 카트 추락 방지용 차단바

경사지 카트 추락 방지용 차단바

고객들도 안심하고 AI카트를 운행할 수 있게 되었다.

2) 코스 내 해저드에 고객 및 카트 추락 방지용 차단바 설치

비가 많이 오지 않는 한 평상시 골프장 내 해저드 및 재해저류조의 수위가 낮아 익사 사고 위험은 거의 없다. 다만, 공을 주우러 들어간 고객이 빠져 옷을 버리거나, 고객 부주의로 전동카트가 해저드로 굴러 들어가는 경우가 종종 있었다. 그래도 비가 많이 올 경우와 혹시 모를 불미스런 익사사고를 예방하고 전동카트의 해저드 추락시 고객과의 마찰을 미연에 예방하고자 차단줄를 설치하고 구명환과 구명로프를 비치해 왔었다. 그러나 차단줄은 햇볕에 삭아 1년을 사용하기 힘들었으며 AI카트

해저드 익사 사고 예방 및 카트 추락 방지용 차단바 설치한 모습

의 무게를 견디기에 역부족이었다. 그래서 해저드 가장자리에도 경사지에 설치했던 차단바로 대체 완료하여 고객들이 해저드 경사지에서 넘어질 때 붙잡아도 튼튼하게 버티고, AI카트가 해저드로 굴러가도 100% 잘 막아주고 있어 고객들이 신경쓰지 않고 안심하고 운동할 수 있게 하였다.

3) 5, 8번홀 티샷 전 타구사고 예방용 사각지역 확인용 CCTV 설치

5번홀은 오르막이 있는 홀로서, 중간에 농수로가 통과하는 지역으로 매립되어 있어 IP좌측이 분화구처럼 움푹 들어가서 티박스에서 앞에 진행하는 이용 고객이 보이지 않는다. 앞 팀을 보지 못하고 친 공

- 8번홀 사각지역 확인용 CCTV 설치 사례 -

티박스에서 시야가 확보되지 않는 사각 지역

개선 후

카메라를 통해 확인된 사각 지역 영상

이 날아가 맞을 위험성이 매우 높은 홀이었다. 이러한 위험성에 대해 여러 차례 현장확인 및 검토 결과 CCTV를 설치하여 티샷 전 전방 사각지대를 모니터로 확인할 수 있도록 조치하였다.

8번홀은 심한 우 도그렉홀로 박스에서 IP 우측지역의 시야가 확보되지 않아 타구 사고 위험이 매우 높았으며 일부 고객들은 앞팀 진행 여부를 확인하고자 20~30m 좌측으로 이동하여 확인하고 티샷을 하는 등 경기진행시간에도 많은 영향을 주었다. 이 홀 역시 마찬가지로 CCTV를 설치하여 티샷 전 모니터로 우측 사각지역을 확인할 수 있도록 조치하였다.

4) 뱀,벌 위험 안내 표찰 설치

우리 골프장은 농약이나 화학비료를 최소화하는 친환경 관리법을 추구하고 있다. 그러다 보니 코스 내부에 벌레나 곤충이 많아 이를 잡아먹기 위해 개구리나 두더지가 많이 유입되다 보니 이를 먹이로 하는 뱀이 많이 보이고 있다. 특히 홀 외곽 수풀이 우거지거나 돌이 많은 홀에서 주로 발견되고 있어 고객들이 뱀에 물리지 않도록 해당 지역에 표지판을 설치하고 있다.

또한 온난화로 기온이 상승하면서 골프장 외곽에 말벌집이 많이 발생하고 있다. 직원들이 순찰하며 발견 즉시 제거하려 노력하고 있지만 말벌들은 더 빠른 속도로 자리를 잡아가는 것 같아 OB난 공을 찾

는 고객들의 주의가 필요하다. 따라서 말벌이 자주 발견되거나 집을 짓기 좋은 환경 근처에 표지판을 설치하여 고객들의 주의를 당부하고 있다.

5) 해저드 볼 유실 방지망 설치

고객들이 해저드에 빠지는 것은 대부분 공을 주우러 들어가기 때문이다. 따라서 공이 해저드 쪽으로 들어가지 않도록 차단할 목적으로 해저드 앞쪽 차단봉에 골프망을 설치하여 이용객의 해저드 익사사고를 예방할 수 있었으며, 부수적으로 경기진행 지연도 예방할 수 있었다.

6) 안전사고 없는 AI카트 운행을 위한 카트이동로 정비

기존 손으로 잡고 이동하던 전동카트와 다르게 무선으로 이용객을 따라가는 AI카트가 도입되면서 이동로 요철이나 커브로 인한 AI카트 전도사고와 이로 인해 발생하는 골프채

고객들의 AI카트 운행이 불편한 카트이동로를 경영팀 및 코스팀 직원들이 직접 개선하는 모습

이동로 인조잔디 설치 ☞ 고객 피로도 감소

이동로 인조잔디 설치

등의 파손에 대해 배상하는 상황을 예방하고자 580m의 홀과 홀 사이 카트 이동로의 보도블럭과 요철을 재정비 하여 고객들이 안전사고 없이 AI카트를 운행할 수 있도록 하였다.

7) 라운드 중 흡연은 절대 금지!

담배는 개인 기호식품이지만 골프 라운드 중 코스에서 흡연은 동반자나 다른 이용객들에게 간접피해를 주고 화재사고 위험성이 있으므로 반드시 금지해야 한다. 그러나 흡연 고객을 위해 흡연 구역을 라운드 전·후 클럽하우스 지역과 홀 별 대기장소 등 여러 장소에 만들어 이용할 수 있도록 하였고, 스타트 홀에서 경기진행요원의 설명과 '절대 흡연금지' 현수막을 코스에 설치하여 홍보를 하고 있다.

클럽하우스 옆에 별도로 준비된 흡연구역

"고객이 안전의식을 가질 때까지 인내심을 갖고 노력하자!"

골프장 안전 수칙에 '동반하신 분의 안전은 이용자의 책임입니다.'라고 쓰여있다. 즉 고객의 안전은 고객이 책

스타트 홀에서 경기진행요원이 고객 안전교육 모습

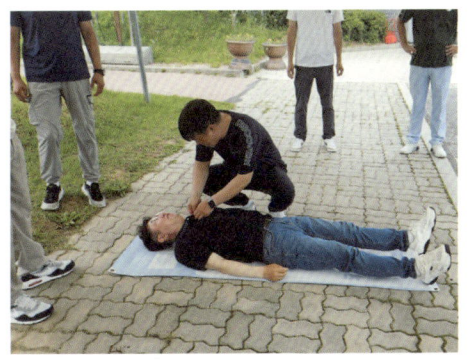

경기진행요원 여름철 온열환자 발생 시 대응 조치 훈련
※ 계절별, 시기별 주기적으로 특화된 안전교육을 통한 인명구조 능력 배양

임질 수 '있어야 한다. 그러나 요즘 대부분의 고객들은 본인이나 동반자가 사고로 피해를 입기 전까지는 관심이 없다. 심지어 안전 수칙을 잘 모르고 있다. 고객들의 안전사고를 예방하고자 골프장 입구부터 안전 수칙, 이용 시 준수사항, 스타트 홀에서 직원들의 설명 및 안내, 코스내 안전사고 예방을 위한 현수막 등 고객의 안전사고에 대한 경각심을 위해 여러 단계에 걸쳐 구축해 놓았지만 사고는 늘 발생하고 있다. 그럼에도 골프장에서는 출발 전 안전 수칙 교육과 경기진행 직원의 순찰을 강화하는 등 지속적으로 안전사고 예방에 대처하고 있다.

도입 전 말도 많고 반대도 많았던 AI카트, 안전사고 ZERO化를 위해

2023.03.14일부 골프장에 AI카트가 순차적으로 도입되어 운용되었

AI카트 정비 모습

다. 도입 전 운용하던 골프장에서 안전사고, 오작동에 의한 고객 불편, 코스 잔디손상 등 말이 많던 장비였다. 약 6개월간 AI카트를 시범운영하면서 안전사고가 발생하지 않도록

철저히 준비했다. 인수받은 AI카트 또한 다른 골프장에서 운영하던 장비로 모든 장비를 전수 조사하고 정비하고 테스트하기를 수차례 반복하였다. 단 테스트 과정에서 단 한 번이라도 전원 꺼짐, 브레이크 풀림, 전복 등 고객의 안전사고나 불편함이 발생할 수 있는 카트는 재조사와 함께 100% 완벽하게 정비하기 전까지는 운용하지 않았다. 카트 이동 동선 내 발생할 수 있는 안전사고 위험 요인을 모두 전수 조사하고, 보완 및 개선과 시범운영을 수개월간 반복하였다.

정비 후 AI카트 오작동 여부 테스트

AI카트 고장 신고 시 긴급출동 모습(카트 운반 추레라 자체 제작 활용)

직원들이 고객에게 AI카트 사용법 및 안전 수칙을 교육하는 모습

주차장에서 AI카트가 차량과 추돌하는 위험을 없애기 위해 카트 보관소를 안전한 장소로 신설하여 이전하였고, 이용객이 진출입시 발생하는 교행에 의한 번잡함으로 AI카트가 고객이나 다른 카트를 추돌하는 것을 예방하기 위해 입구와 출구를 별도로 분리하였으며, 코스 내 카트 이동로의 곡률을 개선하고 요철을 없앴으며, 혹시 발생할 수 있는 AI카트 추락사고에 대비하여 안전 차단바를 보강하였다.

3. 충분히 대비된 골프장은 자연재해도 비껴간다

폭우, 폭염, 태풍, 집중호우, 장마, 한파, 폭설, 해빙기 붕괴 등 우리 주변에는 수 많은 자연재해의 위험이 도사리고 있다. 그러나 자연재해로 인한 피해를 잘 들여다 보면 대부분은 미리 철저하게 예방하고 준비한다면 피해 없이 막을 수 있는 것들이다. 따라서 골프장에서는 계절별, 유형별 자연재해 발생에 대비하여 철저히 점검하고 대비하고 있다.

- 계절적, 유형별 자연재해 대비 안전 점검

지진을 제외하고는 장마와 집중호우, 태풍, 봄철 가뭄, 폭염, 폭설과 한파 등 대부분의 자연재해는 우리가 예측할 수 있다. 따라서 이러한 자연재해가 발생하기 전 위험 요인을 점검하고 대비한다면 불가항력적인 자연재해가 아니라면 대부분 피해가 없거나 최소화할 수 있을 것이다.

1) 봄철 해빙기는 모든 게 나른해지는 시기, 안전에 유의해야…

해빙기는 지반침하, 균열, 낙석 등으로 인한 사고 위험이 증가하며, 봄철 건조한 날씨로 산불이 많이 발생하고 가뭄으로 인한 피해를 입을 수 있다. 또한 기온이 상승하면서 얼었던 배관이 파열되거나, 연결부위가 풀려서 물이 새고, 전기 절연 테이프의 접착력이 떨어져 절연상태가 약해질 수 있다. 그리고 봄철 나른함으로 인한 직원들의 작업간 안전사고 발생 예방에도 신경을 써야 한다. 따라서 해빙기가 되면 점검 TF를 자체 편성하여 안전점검을 하고 교육을 통해 위험요인을 제거했다.

2) 여름철 우리나라에 반복되는 장마와 집중호우, 태풍과 폭염

제목에서 보듯이 '여름철 우리나라에 반복되는'이라는 의미는 누구나 이 시기가 되면 장마가 오고, 집중호우가 발생하며, 태풍과 폭염이 온다는 것을 알 수 있을 것이다. 따라서 이러한 자연 재난으로부터 안전을 확보하고 피해를 예방하기 위해 장마 시작 전 집중호우에 대비하여 점검표를 활용하여 사전에 점검 및 보강하고 준비된 대응 매뉴얼을 활용하여 유사시 고객 및 직원들의 안전사고를 예방하고 있다.

특히, 강한 바람과 많은 비를 동반하기 때문에 골프장 코스 및 시설물에 큰 피해를 주어 골프장 영업에 막대한 지장을 초래할 수 있기 때문에 사전에 철저한 준비로 피해를 예방하고 있다. 태풍 발생 시에는 기상청 태풍 예보를 예의주시하며 12~4시간 간격으로 태풍의 세력 및 진로를 확인, 골프장 내 코스 및 시설을 점검하고 휴장하는 등 과감한 조치를 하여 피해 예방을 위해 총력을 기울이고 있다.

- 태풍·집중호우 발생 시 대응 시스템

3) 가을철 골프장에 발생하는 주요 재해는?

가을철 주의해야 할 주요 재해는 태풍, 뱀물림과 벌쏘임, 발열성 감염질환 등이 있다. 특히 역대 피해가 큰 태풍 중 다수가 가을 태풍이므로 10월까지 긴장을 놓지 않고 대비해야 한다.

또한 고객과 직원들이 뱀에 물리거나, 벌에 쏘이는 일이 발생하지 않도록 코스 예초작업을 철저히 하고 위험지역에 안내 표지판을 설치하여 출입을 통제하고 있다. 골프장에서는 가을철 3대 발열성 질환인 유행성출혈열, 렙토스피라증, 쯔쯔가무시 감염을 예방하기 위해 코스, 사무실, 파고라 등에 증상 및 예방법 포스터를 게시하고 직원들에게는 예방교육을 추가로 실시하며 작업 후에는 반드시 샤워하고 착용했던 피복은 세탁할 수 있도록 조치하고 있다.

4) 겨울철 동계월동준비와 폭설, 한파, 그리고 화재

겨울철(12~2월)은 폭설과 한파로 골프장 운영 및 영업에 많은 제약을 받는 계절이며 난방 등으로 인한 화재 발생 위험성이 높은 계절이다.

철저한 월동 준비로 폭설 및 한파, 피해를 예방하고 화재를 예방하기 위한 동절기 맞춤형 시설 운영 및 월동준비, 그리고 제설작업 등에 관한 종합 계획을 수립하여 시행함으로써 제한된 인력을 잘 활용하고 영업 여건을 확보함과 동시에 난방기기 및 전열기구 사용으로 인한 화재 발생에 높은 관심을 갖고 점검하고 있다.

4. 재해 예방 및 발생 대비 주기적인 교육

태풍, 집중호우, 폭염, 폭설, 한파, 지진, 화재 등 재해 발생을 예방하여 피해가 없도록 하는 것이 최우선이나, 재해 발생 시 초기에 잘 대응하여 피해를 최소화하는 것도 중요하다. 이렇듯 적절한 초기대응으로 피해를 최소화하기 위해 잘 훈련된 직원들의 역할이 중요하다. 따라서 직원들에게 상황별 화재진압 훈련, 대피훈련, 제설작업, 응급환자 조치 등을 반복 숙달함으로써 상황 발생 시 망설임 없이 습득한 대로 본능적으로 대처할 수 있는 능력을 갖추고 있다.

분기 단위 또는 시기와 계절을 고려 필요하다고 판단되면 외부 전문업체에 위탁하거나 자격증 있는 직원 및 경험이 많은 직원으로 별도의 TF를 편성하여 자체 안전 점검을 주기적으로 실시하여 위험 요소 및 개선 사항을 도출하고, 안전사고 위험 시설은 즉시 현장에서 사용을 중지하고 위험 요소를 보완 후 사용토록 하는 등 안전제일을 최우선으로 골프장을 경영하고 있다.

5. 실전과 유사한 상황을 조성 반복 훈련 실시

화재는 사전 예방이 가장 중요하지만, 화재가 발생했을 때 초기에 신속하게 대응하여 피해를 최소화하는 것도 중요하다. 매년 수차례

화재 발생에 대비해 소화기 사용 훈련을 하는 모습(논산소방서 소방관의 지도교육과 함께)

화재 예방 및 화재 발생 시 대응 요령을 교육하고 있으나 시간적, 환경적 어려움으로 대부분 동영상 시청이나 이론 교육에서 끝나는 실정이었다. 하지만 화재진압 훈련은 100번의 이론 교육보다 1번의 행동 훈련이 더 효과적이라 생각하고 실제 화재 발생시 직원들이 당황하지 않고 맡은 바 임무대로 행동할 수 있도록 반복 훈련을 하였다.

화재 발생 지역 소화기로 초동 진화

클럽하우스 화재 발생 시 부상자 후송

소방관이 화재진압훈련 영상을 보며 사후평가를 해주고 있다.

첫 훈련 때에는 그동안 실전적인 화재진압 훈련을 한 번도 해보지 않아 여기저기 우르르 몰려다니며 당황하고 자기 임무를 제대로 수행하지 못하였다.

이를 해결하기 위해 직원들과 화재진압 훈련 동영상을 반복 시청하며 각자의 임무를 명확하게 숙지시키고, 훈련 시나리오를 작성하여 이를 토대로 반복 훈련을 하였다. 훈련 종료 후에는 직원들과 사후검토를 통하여 훈련 성과와 보완 소요를 도출하여 시나리오를 수정한 후 몇 차례 반복하여 훈련한 끝에 직원들은 화재 진압훈련에서 각자의 임무를 잘 수행할 수 있게 되었다. 그러나 화재는 시나리오대로 발생하지 않는다는 것을 잘 알기 때문에 사전 약속되지 않은 무 각본 화재진압 훈련을 불시에 실시하여 화재 발생 시 신속하게 잘 대응하여 피해를 최소화할 수 있는 능력을 배양하고 있다.

6. 전동카트 배터리 화재 사고 예방

카트 화재의 주원인은 카트 동력원인 배터리가 외부 과열 및 충격, 과충전 등으로 불이 나는 일이 많고, 이는 고스란히 카트 화재로 이어진다. 배터리 결함일 수도 있고, 혹은 관리부실일 수도 있지만 어쨌든 대부분의 카트 화재는 배터리서 비롯된다.

○○골프장에서 전동카트 화재로 불이 난 모습

- 이를 해결하기 위하여

첫째 직원에 의해 주기적인 정비와 전문업체에 의뢰하여 배터리 상태를 점검하는 등 카트를 관리하고,
둘째 배터리 충전이 완료되면 자동 전원차단 시스템을 도입하였고
셋째 배터리 화재시 진화를 위한 방화수(물통)를 비치하였으며
넷째 화재를 인지한 즉시 119를 부르고 능력 범위에서 안전이 보장된 가운데 현장에서 방화수에 배터리를 담가 진화를 한다.

7. 전 직원 응급조치 능력 구비
(가슴압박법, 인공호흡, 제세동기 사용법 등)

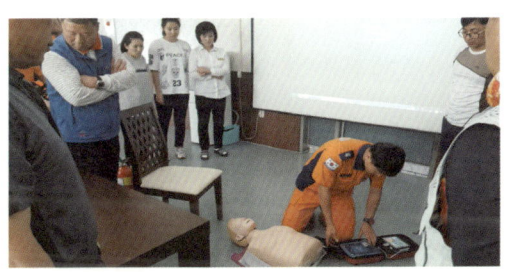

소방관의 제세동기 사용법 및 심폐소생술 시범 모습

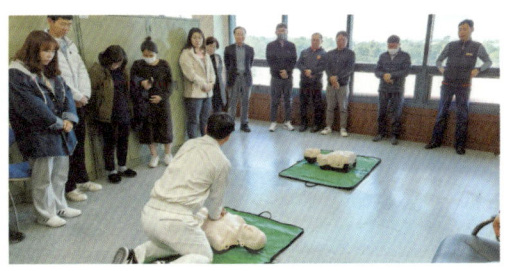

안전관리자의 심폐소생술 시범 교육

모든 직원은 심폐소생술(CPR)의 가슴압박법과 자동제세동기(AED)를 월1회 현장실습을 통하여 사용할 수 있도록 했다.

심폐소생술은 4분의 기적이라 할만큼 심장 미비가 발생했을 때 신속하게 인공적으로 혈액을 순환시키고 호흡을 돕는 응급치료법으로 인공호흡과 심장 압

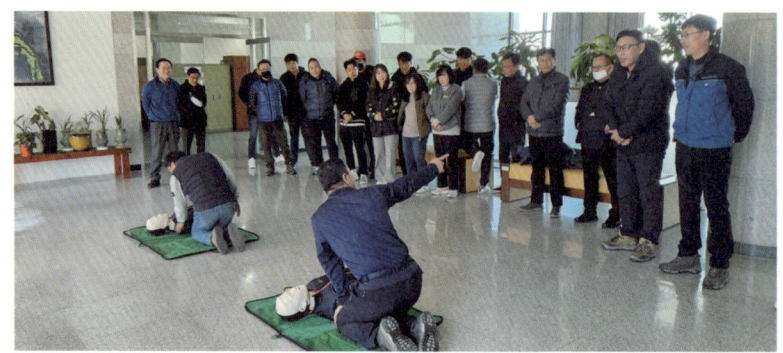
전직원 심폐소생술을 반복 실습 훈련

박(심장마사지)을 동시에 하는 응급처치법이다. 심폐소생술은 단순하게 가슴압박과 인공호흡만이라도 시행한다면 심정지 환자를 소생시킬 수 있는 지름길이 될 수도 있다.

자동심장충격기는 클럽하우스와 연습장 2개소에 상시 비치하고 있으며 전 직원은 응급환자와 부상자에게 심폐소생술 및 간단한 응급처치를 할 수 있는 능력을 구비하고 있다. 심폐소생술은 골프장 직원이나 이용객들에게 꼭 필요한 생명을 살리는 안전교육이다.

따라서 골프장에서는 전조증상에 대해 1번홀, 6번홀 스타트홀에서 직원에 의한 설명을 하고 2번홀에 현수막을 설치하여 골퍼는 물론 동반자도 행동에 관심을 갖도록 했다.

- 급성 심장마비(Heart attack) 전조증상
  (1시간에서 4주 전부터)

1. 수 분 이상 지속적으로 가슴에 갑작스런 압박감, 충만감, 쥐어짜는 느낌이나 통증

2. 가슴 중앙부로부터 어깨, 목, 팔 등으로 전파되는 가슴의 통증
3. 머리가 빈 느낌, 실신, 발한, 호흡곤란 등을 동반한 가슴의 불쾌감
4. 육체 활동 등으로 스트레스가 발생하고, 휴식이나 안정에 의해 소실되는 가슴의 통증
5. 심장이 매우 빨리 뛰거나 불규칙하게 뛰는 경우

 이 같은 증상이 발생하면 골프 예약을 취소하거나 즉시 중단하고 지체 없이 병원에서 심장전문의와 상의하도록 한다.

 ※ 특히 고혈압이나 당뇨를 앓고 있는 시니어 골퍼들은 항상 동반자들이 행동에 관심을 가져주시길 바랍니다!!!

- 창공대 체력단련장 -

급성 심장마비 전조증상을 고객 스스로 체크해 인명사고를 예방(2번홀 설치)

8. 무인 경비 시스템(CAPS) 활용 화재, 도난(파손) 실시간 모니터링

골프장 특성상 영업이 종료된 후 전 직원 퇴근으로 사람에 의한 경비는 현실적으로 어려움이 있어 무인 경비 시스템을 활용 각종 사고에 대비하고 있다.

- 사고 예방을 위한 대비

클럽하우스(5개소), 코스관리동(3개소), 골프연습장(4개소), 카트보관소(4개소)에 NVR(녹화기) 8CH, 녹화기, 카메라, 모니터를 설치하여 화재 발생 시에는 즉시 관할 소방서로 연락과 동시에 현장에 도착 진화하고, 도난 및 파손 발생 시 카메라(저장)로 신원확인 및 현장 대응하여 사건을 해결하도록 하고 있다.

자연재해 태풍으로 인한 파손은 보상이 불가하지만 실시간 원격으로 사업장 근무자가 현장 상황을 관찰할 수 있도록 하여 긴급 상황 발생 시 대처가 가능하다.

사설 보안·경비업체 출동 시간 검증을 위해, 계약 시 점검결과를 반영하여 주기적인 현장 출동을 점검한다.

- 불시 사설 보안 / 경비업체 임무 수행상태 점검 결과

계약업체	계약 기간	출동 점검결과		
		요청시간	현장도착시간	출동소요시간
㈜SK쉴더스	36개월	21:00	21:15	15분
		※ 경비업체 출동 시간 규정 : 25분 이내 현장 도착 및 확인		

무인 경비 시스템 24시간 순찰 차량이 골프장 근처로 이동 시에는 10분 안으로 출동할 수 있고, 순찰 차량이 논산 시내권 등 원거리 순찰 시에는 최대 25분이 소요된다.

골프장에서는 최종 마감 근무자 퇴근 시 전원 차단은 물론 소화기 배치도와 지역 유관기관 연락처 최신화, 주기적인 화재 예방훈련 등 실질적인 소방 계획을 작성 활용하고 있으며, 업장 개장 및 영업준비를 위해 조기 출근자를 일일 단위 조 편성하여 운영하고 있으며, 조기 출근자 중 조장은 조원 출근 여부와 업장 준비 상태를 사장과 팀장에게 SNS로 보고토록 했다.

9. 폭우, 폭설 등 악기상 예보 시 야간 긴급 출동 대기조 편성 운영

기상이변이나 재난에 대해 미리 점검하고 대비를 한다고 해도 가끔 기상은 우리의 예측을 벗어나는 경우가 있다. 특히 여름철 집중호우 시 순간적인 게릴라 성 폭우, 겨울철 폭설 등은 큰 피해를 야기하기 때문에 기상예보를 주시하고 긴장의 끈을 놓지 않고 사전에 대비하고 있다.

그러나 전직원 퇴근후 야간에 발생하는 경우가 많아 이러한 재난 예방을 위해 폭우 또는 폭설 예보 시 코스 및 연습장 시설물 보호를 위해 야간 긴급출동 대기조를 편성하여 조치함으로써 피해를 사전에 예방하고 최소화하고 있다.

특히, 야간 긴급출동 대기조 편성 및 활동 시에는 반드시 사전 안전

교육을 실시하여 시설보다 인명 보존이 최우선임을 강조하고 안전이 보장된 가운데 조치하도록 하고 있다.

카카오톡 활용
경영팀장이 사장에게 보고

[12월 20일 제설작업 비상연락망 출근자 및 대기자 현황 보고]

- 총인원 00명
- 열외자 0명
- 출근가능인원 00명(출근자 00명, 비상연락대기 0명)
  - 경영팀장
  - 프런트 : 출근 0명
  - 총무과 : 출근 0명, 비상대기 0명
  - 경기과 : 출근 0명, 비상대기 0명
  - 코스팀 : 출근 0명, 비상대기 0명
  - 연습장 : 출근 0명

내일 프런트 담당은 06시 30분 출근 예정이며, 저는 06시 이전에 출근하여 적설량을 고려하여 소요인원을 판단한 후 비상연락망 가동 여부에 대해 보고드리겠습니다.

10. 골프장 관련 사고 사례 및 판례
(자료 : 경영관리사 과정, 한국 골프 레저 연구원)

사례1) 초보자 경기자가 친 볼에 동반 경기자가 맞은 사고 (강원도 소재 군 골프장)

- 내용 : 공이 놓인 지점으로부터 왼쪽으로 약 10~20m 앞쪽 캐디와 함께 서 있다가 오른쪽 눈을 맞는 상해로 실명
- 교훈 : 캐디가 고객 바로 옆에 있었으면서도, 볼이 놓인 선상보다 앞서 나가 있지 않도록 주의를 주거나, 그보다 뒤쪽으로 이동하도록 요구하여 불의의 사고를 미리 방지했어야 함. 또한 동반자는 항상 볼을 치는 경기자를 예의 주시하여 볼의 진로를 확인해야 함.
- 판례 : 원고일부승소 60%, 피해자 과실 40%

사례 2) 대기석에 앉아 있다가 동반자가 티샷한 볼에 맞은 사고(경기도 소재 골프장)

- 내용 : 티잉그라운드 좌측 전방 10m 지점에 있는 의자에 앉아 대기하던 동반자가 티샷한 볼이 바닥에 맞아 꺾이면서 왼쪽 눈에 맞는 상해로 실명함.
- 교훈 : 티잉그라운드 주변에 의자를 보다 안전한 곳에 설치하거나, 공에 맞지 않도록 그믈망을 설치하고, 캐디가 대기자를 안전한 곳으로 이동시킨 후 경기를 진행시켜야 할 주의의무 등 적절한 조치를 취하지 않은 과실 인정. 안전조치 없이 티잉그라운드보다 앞 선 위치에 설치된 대기석에서 발생한 타구 사고는 골프장 측의 책임

- 판례 : 원고 일부 승소 65%, 피해자 과실 35%(수원지법)

사례 3) 친 볼이 등 뒤로 날아가 캐디가 맞은 사고
    (전북 소재 골프장)

- 내용 : 무리한 스윙을 하다가 왼쪽 발이 뒤로 빠지면서 볼이 등 뒤 8m 지점에 서 있다가 캐디가 하복부에 맞아 전치 7주의 상해로 과실치상 혐의로 기소.
- 교훈 : 개인운동경기에 참가하는 사람은 자신의 행동으로 다른 사람이 다칠 수도 있으므로 경기규칙을 준수하고 주위를 살펴 상해의 결과가 발생하는 것을 사전에 방지해야 할 주의의무가 있음. 볼을 아무도 예상하지 못한 자신의 등 뒤편으로 보내 캐디에게 상해를 입혔다면 주의의무를 현저히 위반한 행위로서 과실치상죄 성립
- 판례 : 원심 벌금 200 만원 확정(대법원)

사례 4) 티샷한 볼에 동반 캐디가 맞은 사고
    (경기도 소재 골프장)

- 내용 : 캐디는 빠른 진행을 위하여 티잉그라운드로부터 35m앞 여성 경기자와 함께 서 있다가 임모씨가 티샷한 볼에 왼쪽 엄지손가락을 맞아 골절상을 입자 골프장을 상대로 손해배상 청구의 소 제기
- 교훈 : 캐디로서 경기자를 보조해 경기를 진행하면서 안전 수칙을 지켜 사고 발생을 미연에 방지할 의무가 있음. 피고가 티샷을 한다는 것을 알면서도 전방으로 앞서 나갔다가 사고 발생함. 업무상 주의의무 책임이 있는 캐디가 티잉그라운드보

다 앞선 지점에 서 있다가 볼에 맞았을 경우 볼을 친 경기자보다 더 무거운 과실책임 있음. 골프장 측이 캐디에게 빠른 경기진행을 독촉한 것이 이 사고와 인과관계는 없다고 봄. 캐디를 골프장의 근로자로 불인정
- 판례 : 원고 일부 승소 가해자 과실 30% 인정, 골프장 무죄

사례 5) 홀 아웃 중에 뒤 팀에서 친 볼에 맞은 사고

- 내용 : A씨는 8번 홀 그린에서 홀 아웃을 하다 후속 조 B(46)씨가 친 볼에 머리를 맞아 상해로 B씨와 골프장을 상대로 손해배상 청구소송 제기
- 교훈 : B씨는 캐디로부터 공을 쳐도 좋다는 말을 듣고 쳤음.
  ※ 캐디 과실 불인정(서울중앙지방법원) 앞 팀 캐디는 A씨가 안전한 지역으로 이동 전 경기종료 신호를 보냈고 이를 본 뒤 팀 캐디가 경기를 진행 시켜 사고가 난 만큼 경기자의 안전을 확보하지 못한 골프장 측이 배상해야 함. 뒤 팀에 홀 아웃 신호를 보낼 때에는 동반 경기자들이 그린에서 벗어났는지를 확인 후에 신호를 보내야 함.
- 판례 : 골프장 측 80% 과실 인정(고등법원)

▶ 골프장 안전관리 법적근거

1) 골프장 이용자 안전준칙(14조, 표준약관)

> - 비거리는 경기보조원의 조언에 관계없이 이용자 자신의 판단으로 선행 조에 맞추지 않을 정도로 타구하여야 한다.
> - 이용자는 타자의 전방에 진입하여서는 아니 된다.
> - 경기진행 중 후속팀에 사인을 보낸 때에는 후속 팀의 타구가 끝날 때까지 안전한 장소에 대피하여야 한다.
> - 퍼팅을 끝마쳤을 때에는 퍼팅 그린에서 즉시 비켜나서 안전한 진입로를 이용하여 다음 홀로 향하여야 한다.

2) 골프규칙 제1장 에티켓 : 코스에서의 행동

> - 플레이어는 스토로크 또는 연습스윙을 할 때 클럽으로 다칠 만한 가까운 곳 혹은 스트로크나 연습스윙으로 볼, 돌, 자갈이나 나뭇가지 등이 날려서 다칠 만한 위치에 아무도 없는가를 확인해야 한다.
> - 플레이어는 앞서 간 플레이어들이 볼의 도달범위 밖으로 나갈 때까지 볼을 쳐서는 안 된다.
> - 플레이어는 볼을 칠 때 가까이 있거나 앞에 있는 코스관리요원을 맞힐 염려가 있는 경우에 항상 경고를 주어야 한다. 플레이어가 사람이 맞을 위험이 있는 방향으로 볼을 친 경우에는 즉시 큰 소리를 질러 경고해야 한다.

제9장
골프장 식음 고객
맞춤형 서비스로 영업이익 창출

골프장 이미지 손상 순서를 보면
첫 번째가 먹는 것(음식)에 대한 불만이다.
"금강산도 식후경이다."라는 말이 있듯이 가장 원초적인 욕구가
만족 되지 못한다면 친절한 직원과 잘 관리된 코스는
그 의미를 무색하게 할 것이다.

그리고 최근 블로그를 보면
골프장 식당이나 그늘집 음식에 대한 이야기를 보면
주변 맛집 소개가 더 많아지고 있다.
그만큼 골프장 음식 품질과 서비스 수준이 가격에 비해
떨어진다는 말이 아닐까? 고민해 봐야 한다.

1. 식음 부서 직원 상호 팀워크 강화

 골프장은 단순한 스포츠 공간을 넘어서 오감을 만족할 수 있는 경험을 제공하는 장소로 자리 잡고 있다. 특히 식음 부서는 골프장 그린피에 이어 두 번째로 높은 비중을 차지하고 있으므로 식음 영업의 활성화는 매우 중요한 역할을 한다.
 특히, 골프장의 마지막 이미지는 클럽하우스의 음식 맛에서 결정된다고 해도 과언이 아닐 것이다. 따라서 고객이 기억에 남을 프리미엄 식사를 경험할 수 있도록 완벽하게 준비를 함은 물론 각 지역별, 계절별 다양하고 맛있는 메뉴를 제공하기 위해서 주방과 홀의 환상적인 팀워크가 가장 중요하다.
 팀워크의 궁극적인 목표는 조직 내 협력과 소통 강화로 효과적인 팀을 형성하고 부서 간 협력을 통하여 원활한 문제 해결과 조직의 성과 달성은 물론 개인의 역량을 동시에 향상하는 것이다. 이를 위해 식음 부서 직원들은 실제와 유사한 상황을 다양하게 도출 반복하여 예행연습을 통하여 팀 내 역할과 업무를 실제로 체험하게 하고 팀원들은 다양한 역할을 경험하면서 팀원 간의 협력과 소통을 강화한다.
 다양한 상황별 주제별 예행연습 결과에 대해서는 팀원들끼리 조 단위 또는 단체그룹 토의를 통해 다양한 의견을 솔직하게 나누고 문제를 해결하는 방법을 반복하여 학습하고 교육 후에는 피드백을 통해 개선점을 도출함으로써 고객들에게 최상의 고급스러운 서비스를 제공하도록 해야 한다.

2. 식음 부서 운영에서의 식자재 구매가 성공의 핵심

식자재 구매는 식음 부서의 성공에 있어 핵심적인 역할로 그 중요성은 매우 크며, 이를 제대로 이해하고 관리하지 않으면 경영에 많은 영향을 미칠 수 있다. 특히, 식자재 구매에 있어서 최상의 음식 품질 유지, 적정수준의 비용관리, 메뉴 다양성(계절별, 시기별), 고객 안전성, 고객 만족도, 위생 관리 등 중요한 역할을 한다.

1) 구매절차와 관리(자료 : BnBK에서 제시하는 표준 매뉴얼)

2) 구매한 식자재 검수

식자재 검수는 일일명령으로 임명된 검수관이 아래와 같이 실시한다.

가. 계약업체의 계약목적물 납품 시 계약 내역서에 명시된 품목 및 규격, 단위, 사양에 준하여 납품되었는지 정확히 확인 및 검수를 한다.

나. 가 항과 상반된 계약목적물 납품 시 지체 없이 해당 시설 사업담당자에게 통보하고 계약체결 시 반영된 계약조건에 따른다.

다. 깨끗한 복장과 위생장갑을 착용하고 청결한 장소에서 위생적으로 검수를 한다.

라. 채소 등 신선도와 냉동식품 적정온도를 위하여 이용하는 냉동차량의 청결상태 및 온도 유지 여부를 확인한다.

마. 차량에서 내린 식자재는 변질 및 오염 방지를 위하여 검수 전까지 냉동 및 냉장창고에 보관하고 상온에 방치하지 않도록 한다.

바. 검수 순서는 채소, 육류, 어패류, 가금류 순으로 진행하여야 하며, 유통기한, 원산지, 중량, 포장 상태, 이물질 혼합 등을 철저히 검수하여야 한다.

사. 검수 시 식자재 상태 불량 및 착오 등으로 교환 사유가 발생하였을 때 계약조건에 따른다.

아. 정상적인 검수 절차에 의해 합격한 계약목적물은 통합전산망에 재산 등재한다.

3) 식자재 저장관리

가. 계약목적물의 수요와 저장능력, 보관 한도(변질성, 비변질성) 등을 고려하여 항시 적정 운용량을 확보 및 보관한다.

나. 변질성 식품류는 냉동 시설에 보관하여, 최상의 상태로 저장 관리한다.
다. 물품 입고는 검수를 완결한 물품에 한한다.
라. 모든 계약목적물은 통합 저장관리를 원칙으로 하나, 기술을 요구하는 품목은 별도로 관리한다.
마. 저장 시에는 저장된 품목의 수량 표시판(재고관리 판)을 설치하여 재고관리가 용이하게 한다.
바. 조리실 담당자(저장시설 관리자 등)는 입고된 모든 품목에 대해서 수불 행위, 부패 방지, 도난 예방, 재고관리에 대한 책임을 진다.
사. 조리실 담당자는 품목별 입·출고 재고 대장을 작성하여 비치한다.
아. 식자재의 외부 반출은 일체 금지한다. 단, 불량품 및 훼손품은 구입 업체에 반납할 시는 반납증을 교부 받아 반출한다.(반납증 양식은 계약업체와 협의)

4) 식자재 불출 및 재고관리

가. 재료 및 물품은 1회 또는 당일 사용 소요량만을 불출하는 것을 원칙으로하며, 과다 불출로 인한 잔여 재료가 조리장(작업장)내에 방치 되는 일이 없도록 한다.
나. 모든 물품의 불출은 수불증에 의하여 선입 선출법을 따른다.
다. 모든 물품은 (보관)창고(냉장, 냉동고 포함)에서 불출함을 원칙으로 한다. 다만, 상품 및 사용부서가 1개 부서로 한정된 품목에 한하여는 사용부서의 책임자에 의하여 보관 및 불출할 수 있다.
라. 재고 확인은 일반상품, 식품 가공, 재료 등 물품별로 구분하여 월 1회 이상 실시하고, 전산상 재고 현황과 일치 여부를 확인한다.

마. 재료에 대한 변질품이 발생할 때에는 계약업체와 협조(책임소재 결정 등)하여 교환함을 원칙으로 한다.
바. 개인 부주의 또는 과실로 인하여 결손이 발생하였을 경우에는 당사자 변상을 원칙으로 한다.
사. 월 1회 영업실적(판매상품 레시피) 대비 반입된 계약목적물 사용실적을 정산하고 재고관리를 하며, 월별 대금 청구 시, 정산결과를 포함한다.

3. 철저한 위생 및 환경 관리는 골프장 식당 운영의 핵심

모든 식음료를 판매하는 업체가 지켜야 할 가장 중요한 핵심 사항은 '위생'이다. 골프장의 클럽하우스 대식당이나 그늘집도 위생 관리가 잘 이뤄져야 하며, 원산지 표기 의무 등도 철저히 지켜야 한다.

특히 식중독은 계절에 관계없이 발생하므로 철저한 개인위생관리, 식재료 올바른 검수 및 식품별 적정온도관리, 식재료와 조리기구 세척·소독관리, 조리시 위생관리, 보관 시 위생관리, 시설 및 설비 위생관리 등 예방방법을 철저히 준수해야한다.

또한 플라스틱 사용을 최소화하고, 재활용 가능한 포장재나 친환경 재료를 사용하는 것이 중요하다. 이러한 노력은 골프장의 이미지와 브랜드 가치 향상에 기여할 뿐 아니라, 장기적으로는 비용 절감 효과도 얻을 수 있다.

식음 부서는 음식물 쓰레기를 줄이기 위해 선입선출 방식으로 재료를 관리하거나, 퇴비로 활용하는 프로그램을 통해 자원을 재활용하는 방식을 도입할 수 있다. 또한 에너지 절약을 위한 조리 과정의 최적화나 스마트 주방 설비를 활용한 에너지 효율성 개선도 중요한 과제이다.

고객들의 다양한 요구와 상황에 신속하고 친절하게 대응함은 물론, 건강하고 안심하고 맛있는 식사를 하며 즐길 수 있는 골프장은 높은 평판과 더불어 다시 찾고 싶은 고객을 확보할 수 있을 것이다.

4. 골퍼들이 골프장 그늘집(클럽하우스)에서 가장 선호하는 음식은?
(자료 : 스마트 스코어 370여 골프장 조사 결과)

전체 판매 수량 중 1위부터 10위까지의 메뉴는 ① 두부김치, ② 어묵탕, ③ 떡볶이, ④ 치킨, ⑤ 전 요리, ⑥ 순대, ⑦ 튀김, ⑧ 짜장면, ⑨ 국밥, ⑩ 수박 순이다.

주말에는 골프장 입장객들이 많아지고, 주문 건수도 많아짐에 따라 일별 평균 주문량도 주말이 주중보다 38.9%의 상승률을 보였다.

시간대별로 골퍼들은 주문메뉴에 차이를 보였다.

오전 시간(새벽 4시 이후 ~ 오후 12시 전)에는 두부김치와 떡볶이, 어묵탕, 전 요리, 순대가 베스트 메뉴였다. 점심시간 이후(오후 12시 이후 ~ 오후 7시 전)에는 두부김치, 어묵탕, 치킨, 떡볶이, 전 요리 순이었다. 저녁(오후 7시 이후 ~)에는 치킨이 저녁 시간 대 전체 판매수량 중 16.6%를 차지해 저녁 시간 대 인기 메뉴였다.

계절별로 골퍼들이 선호하는 메뉴에도 차이가 있었다.

봄철 베스트 메뉴는 두부김치, 떡볶이, 치킨, 전 요리, 순대 순인데 반해 여름철 베스트 메뉴에는 수박과 국수가 순위에 등장했다. 가을에는 두부김치에 이어 어묵탕의 비중이 10%로 두 번째로 잘 팔리는 메뉴였다. 겨울에는 어묵탕이 첫 번째로 잘 팔리는 메뉴였는데, 그 비중이 37%나 될 만큼 인기를 끌었다.

글을 마치며…

"골프장 사장을 어떻게 하면 잘할 수 있습니까?"라고 부임 전 주변의 골프장을 경영하는 사장님들과 골프장에 종사하는 전문가들의 조언을 구했고 골프 관련 교육을 받으면서도 많은 질문과 관련 서적을 찾아 연구도 하였지만 답을 찾지 못한 채 여태껏 경험하지 못한 새로운 일에 발을 딛게 되었으며 기쁨과 동시에 미지의 세계에 대한 신비함과 궁금증 그리고 두려움을 가득 안은 채 골프장 사장 임무를 시작하였습니다.

지금은 어느덧 골프장 사장 4년 차에 접어들었으며 현재 이 일을 계속 할 수 있다는 것에 항상 감사한 마음으로 임무를 수행하고 있습니다.
'이 감사함을 어떻게 표현할까?'
고민하다 부끄럽지만 제가 겪었던 시행착오를 포함한 경험 요소를 그때마다 메모를 하였는데 그 메모들을 한데 엮어 이 책의 글로 남기면 누군가에게 작은 밑거름이 될 거로 생각하고 책을 발간하게 되었습니다.
우리말에 '지성(至誠)이면 감천(感天)'이라는 말이 있고 서양에서도 '하늘은 스스로 돕는 자를 돕는다!'라는 말이 있듯이 온 정성을 다해 직원들을 이해하고 관리하면서 동고동락하였고, 모든 고객을 밝고 친절하게 현장에서 맞이하였으며, 코스관리 및 직원과 고객의 안전관리에 최선을 다한 결과 지금의 골프장이 될 수 있었던 것 같습니다.

　앞으로도 수많은 골퍼들이 찾아와 골프를 통해 육체적 건강과 정신적 건강을 얻고 골프를 즐길 수 있도록 최상의 코스관리는 물론 친절하고 행복함을 느낄 수 있는 최고의 명품골프장이 되기를 희망합니다.

경 3년 연속 경영혁신 우수시설 축
여러분의 성원에 감사드립니다.
25년 경영전략회의

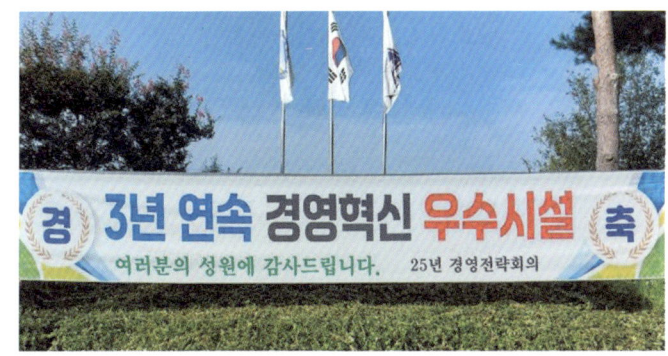

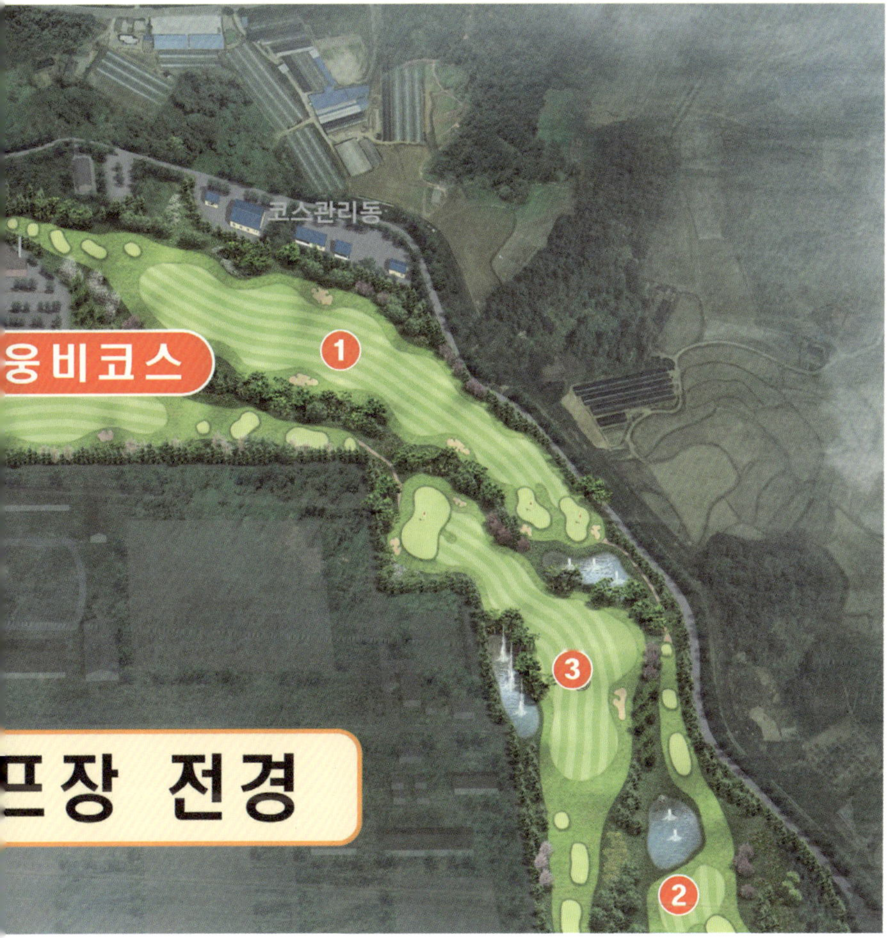
코스관리동
웅비코스
1
3
2
프장 전경

인간 중심의 골프장 **경영**
Know-How!

펴낸날 2025년 7월 31일
지은이 박규춘
펴낸이 李憲錫
펴낸곳 오늘의문학사
출판등록 제55호(1993년 6월 23일)
주소 대전광역시 동구 대전로867번길 52(한밭오피스텔 401호)
대표전화 (042)624-2980
팩시밀리 (042)628-2983
전자우편 hs2980@hanmail.net
계좌번호 농협 405-02-100848(이헌석-오늘의 문학사)
카페 cafe.daum.net/gljang(문학사랑 글짱들)
인터넷신문 www.k-artnews.kr(한국예술뉴스)

공급처 한국출판협동조합
주문전화 (02)716-5616
팩시밀리 (02)716-2999

ISBN 979-11-6493-394-5
값 20,000원

ⓒ박규춘 2025

* 이 책의 판권은 저작권자와 오늘의문학사에 있습니다.
* 이 책은 E-Book(전자책)으로 제작되어 ㈜교보문고에서 판매합니다.
* 잘못 만들어진 책은 구입하신 서점에서 교환해 드립니다.